英烈与纪念馆研究

第21辑

龙华烈士纪念馆 编

上海社会科学院出版社
SHANGHAI ACADEMY OF SOCIAL SCIENCES PRESS

《英烈与纪念馆研究》第二十一辑编辑委员会

编委会成员：邹　强　左大鹏　朱晓丽　沈申甬

主　　　编：邹　强
副　主　编：沈申甬
执 行 编 辑：鲍晓琼　黄秋雨
编　　　务：丁恣然　王　雅　苏莉敏　尚　娅
　　　　　　赵　亮　杨　翼　胡　鹏　殷　悦
　　　　　　程星领　潘　晨

目录

龙华论苑 / 001

论纪念场馆红色课堂的体系化建设
　　——以上海市龙华烈士陵园为例　　邹强 / 002
完善烈士纪念设施祭扫服务管理机制的路径探析　　沈申甬 / 011
上海市五卅相关烈士纪念设施的保护与利用
　　　　上海市龙华烈士陵园课题组 / 021
基于知识图谱技术的英烈人物数据库构建探索　　胡鹏 / 035

人物研究 / 047

"箱"伴同行，在"新生活"中的抗日救亡战士杜重远　　苏莉敏 / 048
为人民利益而牺牲是最光荣的
　　——记巾帼英雄茅丽瑛　　邓一帆 / 053
陨落的星辰：追记《新华日报》记者李密林　　王文宾 / 066
独胆英雄卜凤刚　　程东 / 073

社会教育 / 081

南京红色资源的党性教育价值实现路径探索　　刘璐　房亚萍 / 082

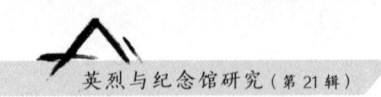

实现"物、情、理"的"三个递进"讲好"大思政课"实践教学课程
　　——以辽沈战役纪念馆《致敬·梁士英》思政教学课为例　　刘军 / 092
关于新形势下纪念馆开展对青少年宣教工作的思考　　乔琦玥 / 101
浅谈新时代如何讲好英烈故事　　沈闻 / 107
浅析上海特别市临时市政府的历史意义及其开展宣传的方式
　　　　　　　　　　　　　　　　　　　　　　　贾昕贤 / 114

史实考证 / 123

《蝶恋花·答李淑一》之"骄杨""杨花"孰是孰非?
　　　　　　　　　　　　　　　　　　顾莹　朱惠玲 / 124
关于陈策(文泽)烈士籍贯及相关事项的研究　　吴焕根 / 131
佘立亚在上海事迹述考　　李中政 / 147

陈列展示 / 163

探究革命文物主题展览策划的创新路径
　　——以"这盛世如你所愿——陈延年、陈乔年烈士文
　　物史料展"为例　　　　　　　　　　　　姚倩星 / 164
英烈事迹布展工作的调研与思考　　谭卓华 / 177

他山之石 / 183

浅谈新时代革命纪念馆的作用与红色文化的弘扬　　窦宝国 / 184
新时代革命纪念馆在革命精神传承中的实践与探索
　　——以雨花台烈士纪念馆为例　　莫佳思　赵杨娟 / 193

征稿启事　　　　　　　　　　　　　　　　　　　　 / 207

龙华论苑

论纪念场馆红色课堂的体系化建设
——以上海市龙华烈士陵园为例

邹强

摘要：近年来，上海市龙华烈士陵园（龙华烈士纪念馆、上海市烈士纪念设施保护中心）立足自身特点，紧跟时代要求，守正创新，不断探索党史学习教育、革命传统教育、爱国主义教育新模式、新路径。本文通过龙陵"红色课堂"运行的实际效果，全面分析龙陵这一类红色纪念场馆开展教育活动的特点、优势和不足，以进一步提升工作实效为目标，提出纪念场馆体系化建设红色课堂的思路，以供探讨。

关键词：纪念场馆；红色课堂；爱国主义教育；体系化建设

红色是中华人民共和国最鲜亮的底色。党和国家历来高度重视革命文物的保护和英雄精神的传承，为此修建各类纪念性建筑，包括革命博物馆、纪念馆、党史馆、烈士陵园等，是红色基因库和历史教科书，是广大党员干部加强党性锻炼的基地，是广大群众培养爱国情感的阵地，是青少年学习革命传统、陶冶道德情操的重要课堂。

随着政策支持和宣传力度不断加大，各类纪念场馆在党史学习教育、革命传统教育、爱国主义教育中的作用受到越来越多的关注，影响力持续上升。"红色课堂"这一形式的广泛运用，体现出各纪念场馆在新时代的积极作为。广义上来讲，为革命历史和革命人物而建的纪念场馆所开展的一切面向观众的活动，都含有教育目的和意义。狭义上来讲，也是本文着重讨论的范围，红色课堂指的是纪念场馆参照学校课程教学模式开展的一种宣教活动，不同于传统的讲解服务，红色课堂教学目标明确、教学主题突出、教学场地相对固定。从实际运行过程和效果来看，纪念场馆的红色课堂无论是取得的成效还是暴露的不足，都具有一些共性。本文主要从上海市龙华烈士陵园（龙华烈士纪念馆、上海市烈士纪念设施保护中心，以下简称龙陵）的实践出发，探讨纪念场馆红色课堂的构建和长效发展思路。

一、龙陵红色课堂实践

龙陵地处徐汇龙华历史风貌区，总占地面积超过21万平方米，整个园区由三区一馆——广场仪式区、英烈祭奠区、遗址遗迹区、龙华烈士纪念馆组成，红色资源丰富，功能完备，在同类型纪念场馆中具有代表性，同时也拥有突出的地域性特点。

近年来，龙陵紧紧围绕上海市委赋予的建设"革命烈士纪念地、初心使命教育地、红色文化传播地"历史使命和功能定位，在红色资源的保护利用和英烈精神的弘扬传播上，用心创新形式，用力提升成效。红色课堂作为其中的典型案例，依托馆藏资源特色，已初步打造出内容丰富、形式多样的课程体系，体现出品质化、多样化、个性化的品牌追求。

1. 明确资源特色

龙陵的红色资源具有多样性和地域性。《上海市红色资源传承弘扬和保护利用条例》列明红色资源类型包括"……物质资源和精神资源：重要旧址、遗址、纪念设施或者场所等；重要档案、文献、手稿、声像资料和实物等；具有代表性的其他资源。"龙陵拥有其中列举的全部资源类型，基本能够完整地讲述上海的百年红色历程，与上海市内的几百处革命旧址、遗迹可以构成分总式的叙事结构。

龙陵的建筑历史可以追溯到20世纪20年代国民党在龙华设立的淞沪警备

司令部。20世纪50年代，在龙华地区发掘了烈士遗骸。1988年，龙华革命烈士纪念地被列为全国重点文物保护单位。20世纪90年代，龙华烈士陵园、龙华烈士纪念馆相继开园开馆，作为唯一的市属烈士陵园，以大量的实物和艺术品为载体，向观众讲述发生在上海的腥风血雨下的英雄故事，再现上海这座初心之城的革命精神。

龙陵的红色资源具有感悟性和直观性。旧址、遗文、遗物等是红色文化的重要载体和情感的寄托对象。丰富的形式可以满足不同人群的偏好，而无论形式如何多样，直观是纪念场馆红色资源最主要的呈现方式。观众走进纪念馆，看到的是老照片、留下斑驳痕迹的纸张和文字等；走进旧址，感受到的是与现代建筑有所区别的，代表了历史审美风格的建筑空间；对历史有所了解之后，进入墓区，直面的是象征终结的墓碑。墓葬文化是一个国家和民族文化的重要组成部分，它包含了本国人民对生死、信仰、礼仪等方面的观念和习俗，在直面墓碑的同时，观众的生死观念、家国情怀以及参观过程中积累的情感共鸣也将在内心达到顶峰。而对这一系列的过程起到决定性作用的是参观者的主动参与和情感投入。

不同于专程前来瞻仰的群众，对于周边居民来说，龙陵等同于市民公园。园内有十数组大型雕塑以及占地一万平方米的诗词碑林，篆刻英烈诗文近百首，大部分由国内书法大家题写，小部分是伟人手迹，例如碑林入口处的《蝶恋花·答李淑一》是毛泽东手稿，修改痕迹原貌保留。这些散落园内的文化景观，往往能够达到润物细无声的效果。游园群众从文字中感受到的英雄精神，产生情感共鸣，往往具有较深的印记。时移事易，随着人事往替，这些碑刻的不朽价值将日渐凸显。

除了多样性、直观性等特点，龙陵还是隶属于退役军人事务系统的上海最大的红色场馆，以军人为代表的英雄群体与陵园各项工作的结合更加紧密。对本场馆红色资源有清晰的定位和判断是建设有特色的高质量红色课堂的基础，龙陵在创新教学方式的过程中，不断地研究、比较，使得红色课堂建设取得了良好的成效。

2. 优化顶层设计

2018年起，龙陵整合馆内研究力量，通过资料整理、史实研究、教学排练等步骤开始红色主题教育课程的研发，积累了初期经验。2021年起，龙陵开始探索红色课堂的体系化建设方案，通过完善机制流程、优化课程设置、丰富教学形式等，红色课堂建设质量得到有效提高。

在机制上，龙陵组建了专门的课程研发小组，并引进专家团队参与内容创作、修改和课程实施评估。整个研发过程包括立项申请、中期汇报、结项验收等环节，通过完善的课程研发机制，提升了教学内容的科学性、准确性。

在课程建设上，龙陵在自主研发的同时，积极向外寻求合作，包括探索与高校思政体系建设相融合的路径，把红色文化资源转化为思政教育的"活教材"，将富有生命力、凸显引领力的红色教育课程送入沪上高校，提升红色课堂的社会效益。例如，地处徐汇区的上海师范大学与龙陵相距不足4公里，双方的合作既有地缘优势，又具备历史积淀，迅速达成了搭建"开学第一课"主题教育平台的工作规划。龙陵被纳入上海市"大思政课"建设整体试验区（上海师范大学——徐汇区）的实践基地后，双方围绕"课程共建、研修共促、基地共育、资源共享"开展相关工作，为提升纪念场馆红色课堂的影响力做出了有益探索。

在形式上，龙陵加速了文艺作品融入红色课堂的迭代升级，积极创新传播手段和话语方式。龙陵充分发挥纪念场馆的社会教育特性，以英烈故事为原型，参与制作《曙光》《你的名字》《杜鹃花开》等戏曲和沉浸式戏剧《觉醒青春》，让听众在欣赏文艺作品的过程中感受英雄故事，创设"理论＋文艺"的教学新路径，受到了广泛的认可。《你的名字》在第九届"全国优秀小戏小品展演"中斩获"优秀剧目奖"，《曙光》入选上海市党员教育课程库推荐汇总表。

3. 开发多元课程

互动性和实践性是纪念场馆红色课堂最突出的特性，其理论引导建立在现场感悟的基础上，常见教学模式有"旧址+宣讲""文艺+宣讲""故事+宣讲"等。龙陵的红色课堂发挥类型多样、直观性强的资源特点，不断加深研究的深度，细化分类，精准教学，针对不同人群开发了不同类型的系列课程。

一是主要面向党员干部设计的党性教育课程，推出了包含有十二节课程的"菜单"。课程菜单的设计充分考虑观众对课程时长的不同需求，分为45分钟的"龙之华 初之心"系列大党课和15分钟的"申城话传"、"红色档案"和"艺术文汇"三个系列微党课。

二是面向不同年龄段的青少年打造的各类特色课程。"青少年阶段是人生的'拔节孕穗期'，这一时期心智逐渐健全，思维进入最活跃状态，最需要精心引导和栽培"。为了更好地激发学生的学习兴趣，提高红色教学效果，龙陵根据不同年龄段的学生在认知能力、兴趣爱好、学习方式等方面的差异，采用不同的教学方法，设计了多项特色课程。

面向低龄段小朋友开设的是红色故事讲读。从众多模范人物、英雄榜样中精心选材，在遵循青少年成长规律、教育规律、价值观形成规律的基础上，精心打磨内容，推出《爱我中华初心探秘——中国夜莺》和《爱我中国初心探秘——红色电波》两册绘本。在教学方式上，以问题教学法和实践感受法为主，通过提高参与度，加深青少年对内容感受度和理解力；教案设计上，以红色影视作品、红色乐曲等影音资源引入，课程结束后，再加入人物故事分享、解密游戏等环节，加深课程参与者对红色文化的记忆。

面向高年级学生开设的是"社会大美育"课程。2023年9月，上海市教育委员会等七部门联合发布了《关于开展"社会大美育"专项工作的通知》，以整合社会各方力量和资源，推动上海市美育工作的发展和普及。以发挥英烈精神和红色文化在上海"社会大美育"中的培根铸魂作用为出发点，龙陵充分利用园馆的建筑、雕塑等元素，研发《红色之源——建党初期龙华英烈的革命足迹》《密战英雄——了不起的中共地下工作者》《丹心铸魂——龙华烈士陵园红色雕塑美育》三本革命纪念馆探索手册，配套相应思政导读活动，参与者在红色讲师的带领下，自主探索龙华园馆，在美的教育中感悟英雄精神，提升人文涵养。

还有一类特色课程设计，充分发挥了退役军人在红色宣教中的作用。龙陵的"龙华魂"国防训练营，是一项整体性、系统性的课程，以国防知识学习、军事素质拓展、英烈故事宣讲等为主要学习模块。此前，龙陵按照相关政策要求，接收了一批来自中国人民解放军三军仪仗队的退役军人，组建了全新的"龙华魂"仪仗队。仪仗队成员是国防营的主要教官，真正起到了言传身教的教育效果。

二、红色课堂的体系化构建思路

党的十八大以来，习近平总书记高度重视红色基因的传承，强调要"把红色资源利用好、把红色传统发扬好、把红色基因传承好"，对革命文物工作要"切实把革命文物保护好、管理好、运用好，发挥好革命文物在党史学习教育、革命传统教育、爱国主义教育等方面的重要作用，激发广大干部群众的精神力量，信心百倍为全面建设社会主义现代化国家、实现中华民族伟大复兴中国梦而奋斗"，为纪念场馆开展红色教育工作提供了根本遵循。从龙陵红色课堂运行实践来看，取得了一定的成效，同时也进入到发展瓶颈期。在新时代如何有效利用资源，开展好党史学习教育、革命传统教育、爱国主义教育，是所有纪念场馆面临的重要任务。

1. 立足根本，突出优势

纪念场馆的红色课堂建设既要坚持政治引领，又要注重守正创新，结合自身特点和优势，加强前瞻谋划、提高实践能力。继全面开展"四史"教育之后，2022年，退役军人事务部、教育部、共青团中央、全国少工委联合印发《关于用好烈士褒扬红色资源 加强青少年爱国主义教育的意见》，明确指出要积极发挥烈士纪念设施红色教育阵地作用，把烈士纪念设施建设成大学生思政课教学基地，建立烈士纪念设施与周边大中小学共建机制，发挥红色资源凝心

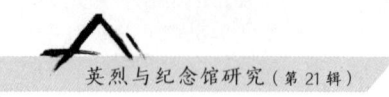

聚力、铸魂育人、推动发展的社会功能。各类政策和文件的出台，为龙陵等红色纪念场馆的教育功能提升提供了发展依据。

在服务国家发展的大局中，红色场馆与各类事业团体是紧密合作的关系，只有角色清晰、定位准确，才能形成前进的合力。以融入大思政课的实践为例，纪念场馆不同于传统课堂的说教模式，在纪念场馆开展的红色教育可以突破所有形式的框架，满足个性化的学习需求，突出学习的主动性和实践性，这些特点恰恰弥补了传统思政课堂教学的不足，让学生通过亲身参与和体验，在还原的历史场景中将理论知识与实际相结合，在直观的感受中对革命历史和革命人物精神，形成更深刻的理解、共情。这是一个优势互补、相互成就的过程。

2. 整合资源，整体规划

资源包括外部资源和内部资源。面对新形势新任务，纪念场馆需要的是创新发展思路，充分调动各方资源，从被动等待转变为主动协作，寻求事业发展的新高度。在外部资源方面，可以考虑从调动周边区域资源开始，包括与周边学校、社区、企业等单位合作共建，互利共赢，提高影响，再逐步扩大合作范围。首先要建立起协商机制，组建红色课堂研发专班，明确目标需求和责任，确保合作的有效性和顺畅性；其次，要积极探索合作的长效模式，推动红色课堂建设的可持续发展。目前纪念场馆提供的红色课堂常见的有社会实践课、开学第一课等形式。在每一次的合作共建启动后，就应尽快明确时间节点、任务和推进措施，建立定期会议机制，及时解决推进过程中的问题。如果是红色场馆与学校的共建，可以考虑将红色课堂建设纳入学校思政教学规划中，建立长期的合作机制，不断提升教学效能。

在内部资源的使用上，红色场馆应按照系统性思维，设计课程的体系框架、课程教案、教师管理、推广运营等，推进红色课堂标准化管理以确保内容的正确性和准确性，最终建成研究探讨、成果共享的红色文化宣传阵地。在课程体系框架方面，要充分考虑本馆的定位和内容特点，避免同一主题、同一内容出现"千馆一面"的现象；要区别于一般的宣教讲解，同时考虑到受众群体的多样性需求，着力构建理论完善、类目多样的课程体系，形成主线清晰、主题丰富、各类目又能够相对独立的完整体系。在课程教案方面，按照观众群体认知层次的高低，各类目需要开发不同的讲述方式，编写适合的红色文化教材，形成由浅入深的课程内容体系，注重教材的更新和修订，确保教材内容符合时代需求。在教师管理方面，首先，红色课堂讲师应具备较高的政治素质、思想道德素质和教育教学能力，可以通过对红色课堂讲师的教学进行评价，建立激励机制，以帮助讲师不断改进教学，提高教学质量。其次，在纪念场馆的讲师缺乏系统授课训练的情况下，除了加强本馆的人才培养，还可以考虑按照不同的课程需求，建立邀请制的讲师团名录，以临时性解决本馆人员不足的问题。在推广运营方面，应当发挥融媒体生动活泼、贴近受众等特点，通过短视频、微电影、海报图片等观众喜闻乐见的宣传产品，增强推广的表现力和感染力；打造全方位、多样态融媒体传播矩阵，实现红色课堂在不同传播平台和传播路径上的联通互动，不断提升信息覆盖面和到达率。

3. 试点先行，深化研究

纪念场馆的红色课堂是一项顺应时代的新生产物，借助原有的资源优势，取得了不错的成效，但是如何保持长效发展，还是一项新的课题。龙陵在红色课堂的实践中，在全面铺开的同时，选取试点开展实验性合作，为促进红色课堂的高质量发展提供实践依据。以龙陵正在进行的试点为例，在课程方面，由"龙华魂 开学第一课"为起点，将成熟的精品红色课程纳入上海师范大学马克思主义学院思政课体系，实现高校思政小课堂与社会大课堂的有效结合；在师资方面，与徐汇区教委联合开发"双师"思政课实践教学活动，由龙陵的讲师和学校思政课教师共同完成一堂思政课，在将社会红色资源融入学校教学的探索上迈出了重要一步。

通过选准试点，深度融合，龙陵在红色课堂建设方面的优势和不足也进一步凸显，诸如课程专业性与系统性有待提升，合作的层次较低、龙陵讲师的课

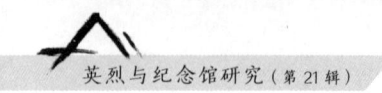

堂讲授专业度不足等。问题的凸显为改革提供了方向。在管理上，龙陵需进一步探索新时代的人才考评机制，加速人才队伍建设，构建智库团队；在内容上，需要更加注重课程设计的科学性，深入挖掘龙陵的红色元素及其所承载的教育意义，加强历史溯源和理论阐释，在讲好英烈故事、历史事实的同时，及时将马克思主义中国化、时代化最新理论成果转化为鲜活的教育教学内容，向观众讲清讲透其中的道理、学理、哲理，不断提升红色课程的有效性和专业性，最终全面提升红色文化传承能力，使红色纪念场馆服务大局、赋能发展的社会作用愈发彰显。

作者单位：龙华烈士纪念馆

参考文献

[1] 安廷山主编：《中国纪念馆概论》，文物出版社，2011年。

[2] 龙华烈士纪念馆编著：《开启龙华红色的记忆》，上海教育出版社，2007年。

完善烈士纪念设施祭扫服务管理机制的路径探析

沈申甬

摘要：祭扫是褒扬英烈事迹、弘扬英烈精神的重要方式。为形成全社会缅怀英烈、尊重英雄的良好风尚，本篇针对上海市烈士纪念设施点多面广、量大线长、情况复杂的特征，分析烈士纪念设施在祭扫服务管理工作中的现状，提出提升烈士纪念设施祭扫服务的建议。

关键词：祭扫；英烈；管理；效能

烈士纪念设施是指在中华人民共和国境内按照国家有关规定为纪念缅怀英烈专门修建的烈士陵园、烈士墓、烈士骨灰堂、烈士英名墙、纪念堂馆、纪念碑亭、纪念塔祠、纪念塑像、纪念广场等设施。党的十八大以来，习近平总书记多次要求加强对烈士纪念设施的规划、建设、修缮、管理维护，强调要用心、用情、用力保护好、管理好、运用好红色资源，为烈士纪念设施的发展提供了根本遵循原则。祭扫是褒扬英烈事迹、弘扬英烈精神的重要方式，是人民群众表达哀思、追忆、缅怀、崇敬之情的主要途径，具有广泛性、直观性、深入性的特点。本篇以烈士纪念设施管护工作中的祭扫服务管理为研究视角，以创新服务方式、推行文明绿色生态祭扫、制定祭扫服务标准、推动群众性纪念活动规范化为路径，探索适用于上海市烈士纪念设施的祭扫服务的管理机制，为在全社会树立缅怀英烈、尊重英雄的良好风尚奠定基础。

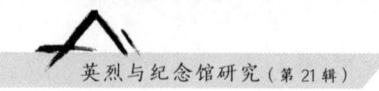

一、烈士纪念设施祭扫服务现状

上海市现有 76 处烈士纪念设施。近年来，在全市统筹部署、协调推进下，烈士纪念设施的管护主体愈加明确，祭扫环境有效改善，崇尚英烈、缅怀英烈、学习英烈的氛围更加浓厚。

1. 日常服务有保障

围绕文明有序、绿色高效的祭扫服务宗旨，各烈士纪念设施发挥各自优势，根据自身特色，在活动方案、仪式流程、礼仪规范、设备管理、应急预案等方面都形成了一套固定做法，部分烈士纪念设施保护单位积极探索建立相关的管理制度，为提升管理效能提供了有益借鉴。比如，上海市龙华烈士陵园（龙华烈士纪念馆、上海市烈士纪念设施保护中心，以下简称"龙陵"）已初步建立起 ISO 标准化管理体系，对各部门的工作守则和服务规范都制定了详细的规章制度，围绕祭扫工作，制定了包括《预约登记流程》《仪式引导员服务规范》《团队接待及仪式流程》《烈士纪念堂服务操作规范》等操作文件，这些文件根据日常祭扫接待服务与管理经验制定，为稳定服务质量和统一服务规范提供了制度保障。再如，松江区烈士陵园按照成熟化、特色化、品牌化的思路，形成 3 条瞻仰祭扫路线：致敬英雄全流程线路、祭奠茸城英烈线路、缅怀消防英烈线路，在不同线路中均设计了统一的祭扫仪式，并通过宣传册和网络等形式广而告之，为来园祭扫的群众提供了极大的便利，切实提高了祭扫活动的实施效果。

2. 全市联动氛围浓

保护烈士纪念设施不仅是为了缅怀过去，更是为了激励未来。为提升英烈精神巨大的凝聚力和感召力，全市烈士纪念设施自 2019 年起着力推进褒扬纪念活动体系化，持续打造上海英烈褒扬活动品牌。一是围绕"我们来看望您"品牌，全市 76 处烈士纪念设施在每年清明节以统一主题、统一手势开展主题祭扫活动，据不完全统计，2023 年 4 月 1 日至 6 日间，全市烈士纪念设施共计接待游客约35万人次,接待有组织的祭扫团体1 775个。其中,在清明节当天,龙陵共计接待入园人数十万余人次,创下建园以来单日祭扫数量最高纪录。二是围绕"人民不会忘记"品牌,每年于烈士纪念日开展系列纪念活动,包括76处烈士纪念设施同时举行敬献花篮仪式、开展英雄打卡城市定向赛等。全市联动的祭扫纪念形式从整体上增强了祭扫仪式活动的影响力和感染力,进一步提升了人民群众参与、支持英烈褒扬工作的积极性和主动性。

3. 祭扫人数显著增长

近年来,上海市烈士褒扬工作的服务管理体系更加健全,高效顺畅的运行机制基本建立,提质改造工程成效显著,祭扫缅怀要素系统完备。在健全的制度体系和组织保障下,广大党员、干部、群众、部队官兵、青少年学生纷纷来到全市各处烈士纪念场所,缅怀英烈,追忆波澜壮阔的革命斗争,营造了尊崇英烈、铭记功勋的浓厚社会氛围。通过对全市各烈士陵园的祭扫人数进行统计,2019年196万人次,2020年136万人次,2021年222万人次。2019年至2021年的总祭扫数量呈现下降后上升显著的态势。2022年,在清明期间,结合烈士纪念品牌项目"我们来看望您"清明祭英烈活动,122万人次通过网上祭扫平台参与网上祭英烈活动。同时,为满足公众祭扫英烈的心愿与需求,全市各烈士纪念设施保护单位推出代祭扫服务,为4 555名烈属开展了擦拭烈士墓碑、敬献鲜花等祭扫服务。

同时,网络云祭扫已成为人民群众表达哀思的重要方式。浦东、嘉定、闵行、宝山、青浦、松江、金山等各区烈士陵园相继在官方微信开通"云祭扫"通道,年祭扫数量普遍在几十万次。在未来,云祭扫必然将得到更多普及,着手推动网络祭扫的标准化和规范化,将有助于实现烈士、烈属、烈士纪念设施数据信息互联互通,推动新时代烈士褒扬工作的与时俱进。

二、祭扫服务管理瓶颈

目前,全市祭扫工作开展情况较好,但部分烈士纪念设施在祭扫服务管理

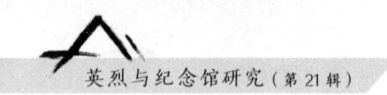

方面还存在改善与提升的空间，主要体现在：

1. 政策文件有待完善

近年来，国家对于烈士褒扬的相关法律法规和政策文件不断完善，围绕祭扫服务管理工作，退役军人事务部先后组织修订《烈士公祭办法》《烈士安葬办法》等，着力规范群众性纪念缅怀活动，以满足新时代、新形势、新要求。但是，政策文件多是从宏观层面对祭扫工作给予的政策指导，针对祭扫的预约接待、仪式流程、评价反馈等具体环节，需要地方根据实际工作进行完善，明确工作职责，填补制度空白，满足新时代烈士褒扬工作高质量发展的实际需要。在实际运作中，不同烈士纪念设施提供的祭扫服务均有差异，在预约、接待、设施设备要求、祭扫服务人员要求、仪式流程、评价机制等各方面都没有形成体系性的规范，退役军人事务部门在管理、评价烈士纪念设施服务过程中也缺少相应标准。因此，在法律法规指导下，需要研究制定祭扫服务地方规范，实现祭扫工作标准化，提高烈士纪念设施管理效能。

此外，烈士纪念设施保护单位想要实现规范管理、高效运作，离不开完善和可持续优化的制度机制。在实际工作中，部分烈士纪念设施保护单位现行的祭扫服务规章制度仍然存在着与政策不符、与上级要求脱节、与现实需求有出入等问题，在某些方面还存在着规范的漏洞和流程模糊等情况，这既不利于开展祭扫工作的规范运行，也不利于部门间的业务合作。

2. 统筹管理难度大

2022年3月，中共中央办公厅、国务院办公厅、中央军委办公厅印发《关于加强新时代烈士褒扬工作的意见》，明确提出要"加强标准化管理，制定烈士纪念设施建设、运营管理、祭扫服务等标准规范，明确国家、省、市、县级和未确定保护级别的烈士纪念设施管理责任"。在祭扫工作实践中，上海烈士纪念设施呈现多样化和分散性特点。上海市的76处烈士纪念设施在本市的各行政区域均有分布，其中数量最多的前三个区域依次是浦东新区、黄浦区和徐汇区，其次是杨浦区、金山区、长宁区、奉贤区。其中，徐汇、黄浦、静安、虹口等上海的中心城区，设施的整体分布较为集中，体量上主要为小型建筑、构筑物、标志标牌等。从设施隶属关系来看，退役军人事务部门管理 26 处，教育部门管理 13 处，街镇管理 11 处，文旅部门（含文史馆）管理 9 处，企业管理 7 处，绿化园林部门管理 3 处，其他 7 处。

上海市 76 处烈士纪念设施客观存在的地域分布广、管理条线分散等问题，给制定统一标准、统筹管理带来了一定的困难。部分零散的烈士纪念设施位置分散、地处偏僻或封闭区域，不利于开展祭扫仪式活动，更无法开展有一定规模的祭扫活动。例如，陈永平烈士纪念碑地处居民区内部，面积狭小，居民区对噪声管理监控严格，没有空间展开团队祭扫活动；法电六烈士纪念堂地处上海巴士第四交通有限公司内部，公交线密布、车辆很多，面向公众开展团队祭扫存在安全隐患；黄浦区有 9 处烈士纪念设施，但是除五卅运动纪念碑、韬奋纪念馆等少数具备常态开放的空间外，其他几处要么空间相对封闭，要么位于人流密集的繁华商业区，常态化祭扫活动难于开展。

3. 专业人才队伍有待提升

做好祭扫工作是烈士纪念设施的主责主业之一。为充分发挥烈士纪念设施褒扬英烈、教育后人的红色主阵地作用，党中央要求打造常态化英烈宣传机制，突出抓好重大活动、重要时节宣传，积极组织开展英烈纪念活动，缅怀英烈，创新群众性纪念形式，丰富纪念内容，吸引社会各界自觉参加祭扫纪念。总体来看，上海烈士纪念设施中的各烈士陵园、纪念馆、陈列馆等具备独立运营空间的场馆都配备了专职工作人员，提供祭扫服务。但多数场馆的编制人员有限，特别是各区的烈士陵园，近几年在职责范围上有显著增加，在人员配备上越加紧张。许多小型烈士纪念设施的人员短缺问题更加突出，在祭扫纪念活动中，基本是提供活动场地的被动角色，祭扫仪式的教育性、严肃性都不强，不能满足群众日益增长的精神需求。

此外，开展祭扫仪式，需要确保瞻仰环境整洁优美、庄严肃穆。笔者走访后发现，部分零散烈士纪念设施没有专人看护，安保方面也存在诸多问题。针

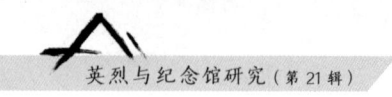

对人员短缺问题，有些烈士纪念设施通过购买第三方服务、引入志愿服务等途径弥补人员力量，但与烈士纪念设施工作体量相较仍显捉襟见肘。

三、赋能高水平祭扫服务对策建议

为提升上海市烈士纪念设施的整体效能，完善其祭扫仪式的服务水平，结合各设施工作实际，将从如下方面探索烈士纪念设施祭扫服务规范新路径。

1. 强化制度保障，推进规范管理

（1）健全祭扫标准

标准化作为一种技术支撑手段，在社会管理和公共服务领域运用越来越广泛，将标准化引入烈士纪念设施保护管理工作中，从宏观角度看，有助于借助标准的普适性和引领性，探索建立烈士纪念设施的长效管理保护机制；从微观角度看，可以通过制定烈士纪念设施日常管理保护工作标准条款，来规范不同工作领域的实际操作，提升烈士纪念设施保护单位的管理水平和工作效率。通过制定全市层面的烈士纪念设施祭扫服务标准，指导全市各烈士纪念设施结合实际，逐步按照体系运行改进和检查评估认证两个阶段稳步推进，使涉及祭扫服务的每项工作都能够做到"有标可依"，不断增强烈士纪念设施的吸引力和感染力。

（2）巩固规章制度

近年来，一系列与拥军优抚、烈士褒扬、红色文化宣传等相关的政策法规，如《关于加强新时代烈士褒扬工作的意见》《关于加强和改进新时代全民国防教育工作的意见》等文件相继发布，为英烈褒扬工作提供了政策指引和行动方向。针对祭扫工作中存在着制度缺位，应强化战略思维、系统思维、整体思维、全局思维，及时修订相关的文件，精准研判调度，让制度文件更具指导性、规范性和程序性。

一是健全运行体系。根据不同烈士纪念设施的实际情况建立健全《祭扫服务接待制度》《祭扫专用资金使用制度》《祭扫仪式公开制度》《群众评价反馈

制度》等，以达标为目标不断完善工作机制，实现各烈士纪念设施祭扫服务管理制度化、规范化，保证祭扫服务管理机制的各个方面、各个环节都有规可依。二是公开制度建设。探索建立祭扫服务信息公开目录，将祭扫服务的注意事项、预约程序、祭扫流程、收费项目、服务承诺等内容编入公开目录，通过网站、官微等渠道向社会公开，在提高工作透明度的同时，要加大宣传力度，让烈士家属、社会群众能够及时了解祭扫服务的相关规定。三是健全绩效考核评估制度。规范的形成、机制的建立，必须在实际操作中予以落实才能彰显成效。因此，建议配合相关职能单位，科学制定本市烈士纪念设施年度考核标准，将祭扫服务工作作为其子项目展开考核，并将考核结果纳入各区褒扬纪念工作评分框架中，明确绩效责任、工作目标及保障措施，定期组织绩效评估并及时通报相关情况。此外，还可参照全国革命类博物馆热度综合指数排名榜，制定全市考评标准，综合考虑群众评价、反馈及社会影响力等因素，形成年末考评机制，对76处烈士纪念设施进行排名，实现以评促发展、以评促质量。

2. 优化组织机构，完善运作机制

（1）加强组织领导

2023年10月，上海市烈士纪念设施保护中心（以下简称"烈保中心"）挂牌成立，协助全市烈士纪念设施规划、建设、修缮、管理、维护等工作，在文物征集保护、革命史料编研、纪念活动开展、展览展陈策划、红色文化传播等方面提供咨询、指导。祭扫工作是褒扬英烈事迹、弘扬英烈精神的重要内容，烈保中心可从以下几个方面创新开展祭扫纪念活动。

一是策划祭扫活动。建议烈保中心从全市层面上做好整体谋划，推动单一祭扫仪式逐渐转变为丰富的祭扫活动。一方面要抓住清明、烈士纪念日等高峰祭扫的教育契机，联动全市各烈士纪念设施共同打造主题突出、导向鲜明、内容丰富的祭扫纪念活动，推出诸如情景剧、话剧、专题巡展、动漫、交响乐等，充分发挥烈士纪念设施的整体效能，提升仪式的覆盖面和影响力。另一方面利用七一建党节、八一建军节，以及历史事件纪念日、烈士诞辰、牺牲纪念

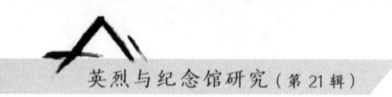

日等时间节点，协助各烈士纪念设施结合自身实际情况和工作特色，有针对性地举办祭扫仪式，并策划配套的纪念活动，吸引社会公众走进烈士纪念设施，让红色基因得到更广泛的传承。

二是扩大教育范围。在策划主题祭扫活动时，要面向社会广泛宣传，尽可能多吸收具有不同社会身份与角色的人参与其中，扩大祭扫仪式的教育范围。诸如邀请抗战老兵、科研人员、奥运冠军、医护代表等，一方面提升了祭扫活动层级，扩大该活动的影响力；另一方面通过广泛的、多样化的群众参与祭扫活动，强化爱国情感，并内化为相应的思维和行为习惯，其影响将延续至参与者的生活和工作中，拓展了活动的教育范围。

三是拓展合作平台。注重与当地建设融合发展，建立烈士纪念设施与周边学校、党政机关、企事业单位、部队、城乡社区共建共管机制。以学校为例，积极对接教委，建议从中小学开始，把烈士纪念设施祭扫纳入中小学及大学生的仪式感教育程序，提倡入团仪式、入党宣誓仪式和入队仪式、18岁成人仪式，以及开学教育和主题团、队日活动，军训等在烈士纪念设施举行，并与祭扫仪式结合起来。再如军队方面，推出"国旗下成长"升旗仪式，邀请武警官兵担任纪念仪式活动的礼兵，参与升国旗、开门仪式、换岗仪式等，提升活动的仪式感和庄重感，助力提升国防素养。

（2）引入志愿服务

烈士纪念设施组建志愿服务队，一方面是英烈褒扬事业跨领域发展的必然趋势，另一方面是部分烈士纪念设施因编制有限，人员力量不足，需要借助志愿者的力量做好褒扬纪念工作。实际上，在高峰祭扫日，各烈士纪念设施都积极开拓志愿者资源，满足祭扫服务需求。为不断充实祭扫工作人员力量，积蓄发展动力，建议各烈士纪念设施发挥地域优势及自身特色，开发志愿者资源，动员志愿服务力量积极参与烈士纪念设施义务讲解、祭扫瞻仰文明引导、秩序维护等工作。诸如松江区烈士纪念设施临近松江大学城，依托教育资源均具有天然优势，可以进一步开发学校资源，建立长效化志愿者合作机制；徐克强烈士雕塑、陈永平烈士纪念碑等由所属街镇管理，可以充分挖掘区、街镇、居村的社会资源；浦东烈保中心在机关、企业志愿服务方面进行了有益的探索；宝山区烈士纪念设施与驻区部队有良好的合作基础，可着力打造军人志愿服务品牌，为红色志愿服务赋予军人底色。

3. 加大投入力度，落实英烈褒扬

（1）强化队伍建设

为助推褒扬纪念工作的高质量发展，要不断加强人才队伍的建设和培养。一是人才引进。应按照烈士纪念设施保护级别、设施规模、安葬烈士数量等因素，积极落实机构编制，充实祭扫服务人员力量。同时，可以采取以与相关单位共用人才的途径调整人才结构，建立灵活多样的人才引进与使用通道。二是人才培养。在扩充人才总量的基础上，要对祭扫工作人员进行培养，包括上岗培训、在职培训，以及在工作中边干边学。此外，可以组织跨单位挂职锻炼，弥补部分烈士纪念设施祭扫服务专业型人才的不足，实现人才结构互补，持续提升全市各烈士纪念设施祭扫工作人员的整体综合素质。三是人才激励。定期开展技能竞赛、评比评优；畅通工作人员职称评聘渠道，完善待遇激励机制，增强职业吸引力，还可以在合理评定员工工作成果的基础上，对在祭扫工作岗位的员工给予表彰和奖励，充分调动员工钻研业务知识、提升专业素养的积极性。

（2）拓宽资金渠道

为做好上海市各烈士纪念设施的祭扫纪念工作提供坚实保障，应着力打造烈士褒扬工作多元化经费保障格局。一是依法落实各级财政经费保障。将烈士纪念设施、烈士亲属异地祭扫以及日常祭扫纪念活动等经费列入财政预算，确保工作执行到位、经费保障到位、责任落实到位。二是充分发挥公益基金会的作用。可以通过成立相关行业联盟，推出公募基金，积极倡导企业、社会组织和个人为烈士纪念设施提供捐助和支持，弥补部分烈士纪念设施开展祭扫纪念活动的资金需求。三是单位自筹。鼓励各烈士纪念设施精准谋划项目，诸如发

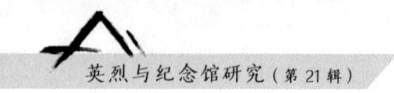

展红色旅游景区、合作举办重大祭扫活动等，加大争取中央预算内资金支持的力度，或从相关部门争取项目资金，也可通过"开门办馆"的思路，与兄弟单位、企业等合作共建，解决烈士纪念设施在开展祭扫活动中遇到的资金困难，不断提升开展祭扫纪念活动的服务能力和服务水平。

作者单位：龙华烈士纪念馆

上海市五卅相关烈士纪念设施的保护与利用

上海市龙华烈士陵园课题组[①]

摘要：以上海市龙华烈士陵园为代表的全市各烈士纪念设施，经过多年的发展，已经在革命历史研究、文物藏品保护、英烈事迹传颂、主题展览策划等方面积累了一定经验。随着上海市烈士纪念设施保护中心在龙华烈士陵园正式挂牌成立，上海烈保组织体系建设和烈士褒扬工作进入了一个新的阶段。本课题以上海市五卅运动相关烈士纪念设施为研究对象，梳理现状、提出对策，为烈士纪念设施的保护与利用提供新的思路。

关键词：五卅运动；烈士纪念设施；烈士褒扬；红色资源

上海革命历史深厚，红色资源丰富，其中烈士纪念设施是为褒扬烈士而修建的永久性建筑，是承载历史与现实的重要纽带，是矗立在中华民族历史上的精神高地。为贯彻落实党中央关于做好烈士褒扬、用好红色资源、传承好红色基因等一系列指示要求，上海市烈士纪念设施保护中心在龙华烈士陵园（以下简称"龙陵"）挂牌成立，为上海烈士褒扬工作奠定了协调基础。本篇以整体性保护为目标，选取上海市内五卅相关英烈遗址遗迹进行研究论证，探析烈士

[①] 本篇为上海市退役军人事务局课题《英烈遗迹与城市文化建设研究》的成果之一。执笔主要人员有：张犇、鲍晓琼、王雅、靳胜昔。

纪念设施保护与利用的新路径。

一、上海市五卅运动相关遗迹现状

五卅运动是中国共产党领导的一次具有全国规模的反对帝国主义运动。这次运动是在党的四大召开后，在中共中央和上海地方党组织领导下，从 1925 年 2 月罢工的预演，到 5 月时，运动已呈山雨欲来之势。5 月 15 日，中国工人顾正红被日商枪击身亡成为整个运动的导火索。中共中央始终正确领导和推动着运动的发展，由悼念、公祭等活动，进而组织学生上街演讲、宣传、抗议。五卅运动留下了大量遗迹遗存，成为上海宝贵的物质和精神财富，其中一部分已经纳入烈士纪念设施的保护范围。

1. 五卅相关烈士纪念设施

现阶段上海市共有 76 处烈士纪念设施，明确和五卅运动相关的烈士纪念设施有 8 处，分别为五卅惨案烈士流血处、五卅运动纪念碑、五卅纪念柱、龙华烈士陵园、沪西革命史陈列馆、顾正红纪念馆、五卅烈士墓遗址纪念碑、同济大学学生运动纪念园烈士纪念地。[①]从空间分布来看，8 处烈士纪念设施分布在黄浦区、徐汇区、普陀区、虹口区以及杨浦区 5 个行政区划内。黄浦区 2 处，徐汇区 2 处，普陀区 2 处，虹口区 1 处，杨浦区 1 处。从管理条线划分，8 处烈士纪念设施中有 4 处属于退役军人部门，2 处属于教育部门，1 处属于文旅部门，1 处属于工会。具体来看：

龙华烈士陵园位于龙华西路 180 号，所在区域是革命先辈牺牲地，也是五卅运动中的关键人物顾正红的安葬处。

五卅惨案烈士流血处是指酿造五卅惨案的原公共租界老闸巡捕房正门，位

---

① 除以上 8 处明确列入烈士纪念设施的五卅遗址遗存外，还有 7 处虽与参与五卅的人物有关，但他们一生的主要事迹不是参与五卅运动，故没有纳入统计范围。分别是：王根英烈士故居遗址纪念碑、费达夫烈士雕塑、杨杏佛烈士墓、刘湛恩烈士雕塑、李一谔烈士陵园、陆龙飞烈士墓、松江区烈士陵园（侯绍裘）。

置在今南京东路772号。

五卅运动纪念碑位于人民公园东北部的五卅广场，靠近当年五卅惨案的发生地南京路，落成于五卅运动65周年纪念日，即1990年5月30日。

五卅纪念柱矗立于上海交通大学徐汇校区内，该柱建于1925年，是对五卅牺牲烈士陈虞钦的永久纪念。

沪西革命史陈列馆原址为沪西工友俱乐部，是五卅运动的直接策源地。陈列馆于2009年建成，位于普陀区武宁路225号的沪西工人文化宫内。

顾正红纪念馆建于顾正红烈士殉难处，今澳门路300号，于五卅运动83周年，即2008年5月30日正式开馆。

五卅烈士墓遗址纪念碑立于1987年11月，碑址在虹口区第六中心小学门旁。五卅烈士墓位于该碑附近的广中路668号，在两次淞沪抗战时被日军炮火炸毁。

同济大学学生运动纪念园烈士纪念地，位于杨浦区四平路1239号同济大学内，建成于1987年5月，是为了纪念革命时期献身的同济英烈，其中包括五卅运动中牺牲的尹景伊。

上海市五卅烈士纪念设施的隶属分类表

区县	名 称	隶属系统	具体位置
黄浦	五卅惨案烈士流血处	退役军人系统	南京东路765号
	五卅运动纪念碑	退役军人系统	南京西路231号
徐汇	五卅纪念柱	教育系统	广元西路55号交通大学内
	龙华烈士陵园	退役军人系统	龙华西路180号
普陀	沪西革命史陈列馆	工会系统	武宁路225号
	顾正红纪念馆	文旅系统	澳门路300号
虹口	五卅烈士墓遗址纪念碑	退役军人系统	株洲路新同心路路口（第六中心小学外墙）
杨浦	同济大学学生运动纪念园烈士纪念地	教育系统	四平路1239号同济大学内

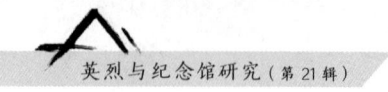

2. 五卅相关事件发生地遗址

五卅运动爆发和纵深发展是在中国共产党领导组织之下实现的。除上述烈士纪念设施外，还有大量的重要事件的发生地遗址，择要介绍如下。

（1）上海大学

大革命时期的上海大学（简称"上大"）是中国共产党领导下的一所"红色学府"，在轰轰烈烈的大革命中扮演了重要角色。在五卅运动过程中，上大师生始终冲锋在前，做出了大量牺牲。朱义权、江维锦等4人于5月24日被捕；5月30日被拘捕于南京路老闸捕房，因人满而被驱逐的学生有130人之多；何秉彝在演说过程中被射杀，其他被打伤、射伤者达13人。上大所在的闸北青云路、师寿坊西侧的青云路成为上海革命运动和工人斗争的重要策源地之一。①

（2）沪西工友俱乐部

沪西工友俱乐部始终处于五卅运动开路先锋的地位。1924年8月，项英、李立三、邓中夏等人在小沙渡路、槟榔路租得3间平房。9月1日，沪西工友俱乐部正式成立。瞿秋白、刘华等中共党员经常到俱乐部教书、演讲，向工人们深入浅出地宣传革命道理。1925年初，沪西工友俱乐部迁往苏州河北岸的潭子湾三德里。5月15日，顾正红不幸牺牲。5月18日，顾正红的遗体被送至沪西工友俱乐部，刘华等人领导了盛大的迎灵仪式。5月24日，内外棉纱厂工会在潭子湾举行公祭顾正红大会。上海总工会宣告成立后，沪西工友俱乐部改为上总第四办事处。

（3）沪东工人进德会

沪东工人进德会是2月罢工的前沿指挥所。1924年下半年，蔡之华、吴先青等人于沪东杨树浦眉州路永安纱厂成立"工人进德会"，以提高工人福利为号召，吸引工人前来听讲演、看话剧，接受文化教育。上总成立后，进德会转

---

① 郭骥：《上海大学（1922—1927）旧址及相关遗址考略》，《都市遗踪》第37辑。

为上海总工会第一办事处。

（4）学生群众被拘押处

老闸捕房是五卅运动的关键场景。5月30日，在上海学联的指挥下，各校学生3 000余人在上海公共租界散发传单、发表演讲。工部局老闸捕房以"扰乱治安"为名，拘捕100余名学生。为了营救被拘捕的学生，运动指挥部把分散在各处的演讲队集结到老闸捕房门口，巡捕开枪射杀学生，造成五卅惨案。惨案次日，1 000多名学生和工人继续冒雨演讲，又有60多人被捕于此。

（5）上海总工会

这是上海历史上第一个由中共领导的跨区域、跨行业的工会组织。上海总工会的成立及其对20多万罢工工人的有力领导，在整个运动过程中起到中流砥柱的作用。五卅惨案发生当晚，李立三、刘少奇等在宝山里举行秘密会议，决定"趁此时机组织上海总工会，以便集中力量，统一行动"。5月31日晚，各工会召开联席会议决定公开成立上海总工会。6月1日，上海总工会正式宣告成立，会所设在宝山路宝山里2号（7月20日以后迁往共和新路和兴里27号，直到9月18日被奉系军阀封闭）。

（6）南市公共体育场

顾正红殉难后，中共在南市公共体育场举行大规模悼念和宣传活动。五卅惨案发生后，中共上海地委、国民党上海执行部、沪西工会、全国学生总会、上海学联等召开紧急会议，决定扩大罢工，反抗帝国主义的暴行。此后多次在南市公共体育场举行万人乃至十万人以上的反帝爱国集会。

其他尚有许多相关地点，如民智平民学校，创办于1924年，校址在原沪东普善庆堂（今周家牌路33号）。1925年5月30日，上海工人和学生举行反帝大示威，民智平民学校师生参加游行。

3. 目前保护利用方面的短板与局限

（1）范畴比较宽泛，内容不全面

从以上对五卅运动相关烈士纪念设施的梳理来看，虽然涵盖历史遗迹遗

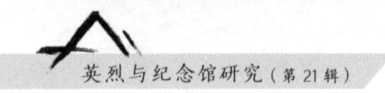

址、1949年后新修建的纪念碑及史迹陈列馆等各种纪念类型，涵盖范围广，但也存在包含历史脉络不全面的局限。以五卅运动相关英烈遗迹为例，"老闸捕房旧址"这一五卅惨案发生的重要场景没有被纳入烈士纪念设施，同样，作为五卅运动策源地的上海大学校区遗址、上海总工会旧址等地也不在烈士纪念设施名录中。按照《烈士纪念设施保护管理办法》，未列入其范围，也就意味着未得到专项法律法规的保障，存在保护利用不足的隐患。

（2）展陈同质化，宣传力度小

从内容上看，目前五卅运动相关烈士纪念设施，对于五卅事件的描述同质化、不深刻，展陈没有及时补充完善体现时代精神的新史料、新成果。

从形式上看，有的烈士纪念设施仍停留于单一的文字介绍阶段，对公众的感染力度不强。通过现有的单个点的参观，公众对五卅运动的认识与感悟不足。例如，在五卅惨案烈士流血处，公众对于牺牲的13位烈士与民主革命时期牺牲的其他百万烈士有何不同并不了解；在交大的五卅纪念柱，对于陈虞钦当年的激愤和决然也不能有更深的体会；在沪西革命史陈列馆和顾正红纪念馆，由于展陈形式单一，公众对于先辈的牺牲和如火如荼的工人运动也没有具体全面的认识。

总之，通过现有的五卅烈士纪念设施的展陈，不能把单个的"点"串起来，使公众全面地、联系地认识和看待五卅运动在中国革命史和世界革命史的重大意义，宣传作用没有有效地发挥出来。

（3）社教活动形式单一，互动性不强

五卅相关烈士纪念设施中，社教活动形式单一，对宣传教育阵地的认识不足。有些纪念设施开展的社教活动在实践过程中走向体验流于形式或者重体验而轻内容的误区。有些纪念设施开展的社教活动更多地注重群体的体验，尚未及时捕捉到个体对于体验的诉求，并且受到体验项目开发周期性较长的影响，出现了现有的项目较少兼顾到个体需求的问题。还有些纪念设施开展的社教活动与观众之间的互动浅尝辄止，讲解词千篇一律，信息单向输出的本质仍未改变。

总体看来，社教活动的内容建构与历史联系现实不足，在价值传递过程中观众与信息之间的关联未得到重视，信息单向输出的传播方式仍占主导地位，没有真正意义上吸引观众。

二、国内外遗址遗迹保护和利用的实践

在遗址遗迹的保护和利用上，国内外相关机构均有一定程度的尝试，以下分为国外案例与国内经验两个部分总结。

1. 国外遗迹遗址保护利用

一是严格依法保护。美国注重立法保护历史遗迹遗址，1906年颁布的《联邦文物法》是其最早的文化遗迹保护法律，规定联邦所有历史性纪念地均属国家纪念物，严禁任何人对遗址进行非法挖掘。同时，将古迹等人文景观列入文化遗产保护范畴。[①]美国设立国家公墓管理局（National Cemetery Administration）和国家公园服务（National Park Service）。前者负责管理美国国家公墓，将国家公墓打造为国家纪念圣地，如阿灵顿国家公墓等重要的军人陵园。后者管理历史遗迹、纪念碑和纪念场所，以保护和传承美国历史文化。[②]

二是建立专业队伍。法国的文化遗迹保护组织由五部分构成，分别是中央机关（文化部文化遗产司）、地方机构（各行政区文化事务部）、咨询机构（文化遗产保护委员会）、民间社团组织以及科研单位，机构之间取长补短，密切配合，使文化遗产的建筑美学价值、历史纪念及教育价值得到有效彰显。例如，代表性的遗迹纪念馆、凡尔登战役纪念馆，其文保工作的特点是建立一支

[①] 曹霞、陈海宏、姜卓云：《国外文化遗迹法律保护模式、制度与经验》，《朝阳法律评论》，2012年第1期。

[②] https://www.usa.gov/agencies/national-cemetery-administration, https://www.usa.gov/agencies/national-park-service.

专业的队伍，尤其重视吸纳专家学者。在极大程度上确保文保工作不出现失误，同时也避免了政府部门因缺乏专业知识而对普查、保护工作造成不必要的影响。①

三是提升全民保护意识。俄罗斯许多城市和地区都设有专门文物保护区，通过法律对保护区域内的各种工程建设做了严格限制规定，包括周边建筑的高度、材质等，还规定对一些关键文物的任何改建都视为违法行为。同时，政府也鼓励民间参与保护，使保护活动平民化，进而提高全民的遗产保护意识。②俄罗斯胜利纪念馆和伟大卫国战争博物馆是其中的代表。

2. 国内遗迹、遗址保护利用

东北抗联遗址、遗迹的保护开发工作具有一定的借鉴意义。该工作经历了从地方性发掘、修缮等局部地区的基础性工作，到整体部署、统一保护的开发方案，再到以战略性支柱产业为着眼点，推动抗联资源与社会资源有机融合，构筑红色旅游大格局的发展历程。具体措施如下：

一是集中修缮、保护一批与东北抗联相关的博物馆、遗址型纪念馆、纪念标识等纪念设施，如"九·一八"历史博物馆、东北抗联史实陈列馆等；二是不断提升文物的科技保护水平与展示水平，综合运用计算机技术、数据库、3S技术等，建设新型智慧博物馆；三是整合资源进行产业综合开发。积极推动红色旅游与冰雪旅游、生态旅游、研学旅游相融合，打造文旅融合产业链。总体来看，东北抗联遗址、遗迹保护开发工作有分布面广、带动性强、资源多、整合性强等优势。③

就现有研究来看，学者对于山东省革命遗址、遗迹保护和无锡市红色文化

---

① https://www.archdaily.cn/cn/786796/fan-er-deng-zhan-yi-ji-nian-guan-brochet-lajus-pueyo.
② 王丽娟：《淮海战役总前委旧址的保护与利用研究》，北京建筑工程学院硕士论文，2012年。
③ 董亚茹：《东北抗联遗址遗迹的保护与开发及其价值研究》，吉林大学硕士学位论文，2021年。

遗产保护利用，以及太平天国遗迹保护等问题都做了较为详尽的研究。①从揭示出的现状来看，未有新意，在此不予赘述。

综上所述，国内外遗迹、遗址保护与发展应用的相关做法和经验，大致为及时更新保护理念，摸清文化遗迹家底，打造专业的保护队伍，建立科学而有效的立法与管理体制，强调遗迹整体保护，重视多元主体参与，重视文化遗迹的活用。总体而言，是依法保护、开发性保护、利用性保护。

三、充分保护与利用五卅相关烈士纪念设施

目前，五卅相关烈士纪念设施在一定程度上还存在包含内容不全、宣传形式单调、展陈内容同质化等问题，限制了保护、开发及利用程度，没有发挥好烈士褒扬、宣传教育的作用。现针对上述问题，提出今后工作的努力方向。

1. 全面梳理，定级分类保护

根据中办、国办、军办印发的《关于加强新时代烈士褒扬工作的意见》，要统筹烈士纪念设施规划建设，加强烈士纪念设施建设和管护。在2022年公布的第一批《上海市红色资源名录》中，重点旧址、遗址、纪念设施共612处，经粗略梳理，其中与五卅运动相关的遗址遗迹有34处。下一步工作应将零散在外的遗址、遗迹纳入烈士纪念设施保护工作，并对烈士纪念设施进行定级分类保护，进一步统筹烈士纪念设施规划建设和提质改造，为人民群众缅怀英烈、传承英烈精神提供庄严肃穆的环境和氛围。

2. 纪念设施串点成线，整合红色资源

习近平总书记指出："每一个红色旅游景点都是一个常学常新的生动课堂，蕴含着丰富的政治智慧。"五卅相关的纪念设施中包含丰富的旅游景区资

---

① 曹国娇：《山东省革命遗址遗迹保护利用研究》，浙江理工大学硕士学位论文，2019年；刘洁莹：《无锡红色文化遗产保护利用研究》，江南大学硕士学位论文，2021年；袁蓉：《太平天国遗址遗迹的保护与思考》，《太平天国及晚清社会研究》，2020年第2辑（总第5辑）。

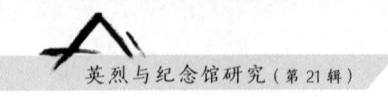

源、全国重点文物资源和历史保护建筑，且分布相对集中在虹口、杨浦、普陀、徐汇、黄浦等几个主城区，相关性强。下一步可以将五卅的30多个地点按照事件的演变分出不同的主题模块，予以串联整合，推动"五卅历史文化带"建设，形成本地人日常活动中时时遇到、外地游客体验感层层加深的点位矩阵。通过串点成线的方式，扩大参观范围，做到保护与利用兼顾，放大纪念设施的综合效益。

3. 坚持研究式保护利用，提升管护水平

近年来，上海在深入打造建党历史资源高地、建党精神研究高地、建党故事传播高地，但总体而言研究工作还在起步阶段。因此，要建立研究机构深度参与烈士纪念设施保护利用全过程的制度机制，提升管护工作的科学性和规范程度。未来，烈保中心要发挥引领作用，各相关烈士纪念设施派专业人员参与，坚持问题导向和系统思维，加快探索形成一套涵盖五卅英烈研究、五卅相关展览展陈、工人运动史研究、党课宣教、文物征集与修复等业务范围的交流合作制度，形成资源共享、优势互补、助力融合的发展格局，推动五卅英烈研究成果反哺英烈褒扬工作实践，为纪念设施实现一体化高质量发展提供智力服务与知识支撑。

4. 创新宣教活动，打造纪念设施红色品牌

借助五卅运动一百周年的契机，各相关烈士纪念设施管护单位整合资源，合力打造相关红色品牌，传承红色基因，弘扬五卅英烈精神。

一是创新形式，打造红色教育前沿阵地。定期组织各界群众尤其是青少年参观瞻仰烈士纪念设施，创新群众性纪念形式，吸引社会各界自觉参加祭扫纪念；将交响乐、合唱、戏曲、话剧等文艺形式融入红色教育中，精心打造戏曲党课、话剧党课、音乐党课等，不断提升党课教学的沉浸式体验；举办英烈公祭城市定向、沉浸式城市考古等红色地标打卡活动，解锁多样化的红色教育新方式，寓教于乐，深入人心；积极创排弘扬英烈精神的优秀文艺作品，探索文艺与爱国主义教育有机结合的新模式。通过一系列形式创新、内容丰富的教育

载体,把英雄烈士精神的厚重感、丰富性融入培育和践行社会主义核心价值观。

二是策划主题宣传,构筑传播矩阵。以重大历史事件纪念日、重要战役纪念日、国家公祭日等为契机,围绕五卅运动周年纪念等主题,开展专题宣传活动,组织编撰出版读物,推动英烈事迹进入馆、校、企展陈。推出宣传片、微电影等融媒体节目,开展"网上祭英烈"主题宣教活动,大力弘扬英烈事迹精神。通过丰富传播载体,系统挖掘、整理和宣传红色文化,多渠道拓宽红色文化的影响力半径,形成红色宣传线上线下联动的良好态势,让有高度、有内涵、有价值的红色文化占领舆论传播高地。

四、结语

如何用心用情做好烈士纪念设施管护工作、发挥红色资源对精神文明的滋养作用,仍然是一项有挑战性且有重大意义的工作。今后,在上海市烈保中心的统筹下,应力争推动全市烈士纪念设施保护工作朝着数据要素集成化、管理规范标准化、资源共享体系化的目标迈进,各相关烈士纪念设施应主动作为、创新思路、提升效能,努力开创弘扬五卅英烈事迹的新局面。

作者单位:中共诸暨市委党校、龙华烈士纪念馆、上海社会科学院

参考文献

[1] 朱铁臻:《城市魅力研究》,红旗出版社,2004年。

[2] 赵悦:《勇攀高峰:上海"五个中心"建设前瞻研究》,经济日报出版社,2020年。

[3] 傅道慧:《五卅运动》,复旦大学出版社,1985年。

[4] 任建树、张铨:《五卅运动简史》,上海人民出版社,1985年。

[5]《主人》编辑部编:《回望五卅》,上海三联书店,2015年。

[6]上海市民政局编:《上海市烈士纪念设施概览》,上海人民出版社,2018年。

[7]郭骥:《近代上海的海派文化》,上海人民出版社,2020年。

[8]周武:《边缘缔造中心——历史视域中的上海与江南》,上海人民出版社,2019年。

[9]张仲礼主编:《近代上海城市研究 1840—1949 年》,上海人民出版社,2014年。

[10]张子康、罗怡、李海若:《文化造城:当代博物馆与文化创意产业及城市发展》,广西师范大学出版社,2011年。

[11]俄军、姜涛编:《博物馆学概论》,兰州大学出版社,2006年。

[12]曹兵武:《记忆现场与文化殿堂》,学苑出版社,2005年。

[13]李文儒主编:《全球化下的中国博物馆》,文物出版社,2002年。

[14]龙华烈士陵园史料陈列室编:《龙华革命烈士史迹选编》,上海人民出版社,1980年。

[15]甘肃师范大学政治系中共党史教研室资料室编:《中国共产党英烈小传》,甘肃人民出版社,1980年。

[16]郑蓉主编:《徐汇滨江学区与龙华烈士纪念馆合作课程开发案例》,上海社会科学院出版社,2021年。

[17][澳]德波拉·史蒂文森:《城市与城市文化》,北京大学出版社,2015年。

[18][美]刘易斯·芒福德:《城市文化》,中国建筑工业出版社,2009年。

[19]上海社会科学院国家高端智库重大决策咨询课题报告:《上海城市文化内涵与江南文化研究》,2017年。

[20]郭骥:《上海大学(1922—1927)旧址及相关遗址考略》,《都会遗踪》,2022年第1期。

[21]刘士林:《都市文化学:结构框架与理论基础》,《上海师范大学学报(社会

科学版)》,2007年第5期。

[22] 曹霞、陈海宏、姜卓云:《国外文化遗迹法律保护模式、制度与经验》,《朝阳法律评论》,2012年第1期。

[23] 袁蓉:《太平天国遗址遗迹的保护与思考》,《太平天国及晚清社会研究》,2020年第2辑(总第5辑)。

[24] 时立荣、白巳涵:《新中国成立以来我国烈士纪念设施内涵的政策变化与发展》,《社会建设》,2022年第9卷第6期。

[25] 王振、高福进:《"源头"红色文化的孕育及治理》,《马克思主义文化研究》,2022年第1期。

[26] 沙铮、黄澍、朱逸俊:《标准化管理在高质量旅游业发展中的作用——以上海市龙华烈士陵园为例》,《江苏科技信息》,2020年8月。

[27] 吴仕凤:《革命遗址、遗迹如何保护和利用》,《文物鉴定与鉴赏》,2021年8月(上)。

[28] 曹霞、陈海宏、蒋卓云:《国外文化遗迹法律保护模式、制度与经验》,《朝阳法律评论》,2012年第1期。

[29] 季翔:《红色文化资源对于上海城市软实力的价值思考》,《现代商贸工业》,2022年第17期。

[30] 刘书景:《浅议革命遗址遗迹的保护与利用》,《党史博采》,2022年第2期。

[31] 沈吉雨:《上海红色文化在城市形象建设中的应用策略研究》,《美与时代(城市版)》,2022年第1期。

[32] 褚劲风、周晶晶、刘思瑶、邓喜:《上海红色文化资源研究综述》,《党政论坛》,2021年第4期。

[33] 袁蓉:《太平天国遗址遗迹的保护与思考》,《太平天国及晚清社会研究》,2020年第2辑。

[34] 陈玉斌、刘友田:《习近平红色革命文化观研究》,《中共南昌市委党校学

报》,2019年第2期。

[35] 罗小力:《中国博物馆集群发展模式探析》,《博物院》,2022年第1期。

[36] 齐卫平、李彦垒:《追寻与弘扬龙华英烈精神》,《解放日报》,2017年4月11日,第9版。

[37] 王丽娟:《淮海战役总前委旧址的保护与利用研究》,硕士学位论文,北京建筑工程学院,2012年。

[38] 董亚茹:《东北抗联遗址遗迹的保护与开发及其价值研究》,硕士学位论文,吉林大学,2021年。

[39] 曹国娇:《山东省革命遗址遗迹保护利用研究》,硕士学位论文,浙江理工大学,2019年。

[40] 刘洁莹:《无锡红色文化遗产保护利用研究》,硕士学位论文,江南大学,2021年。

[41] 郭琼雅:《革命纪念馆传承和弘扬革命文化的作用研究》,硕士学位论文,湖南大学,2019年。

[42] 王子安:《红色场馆综合利用问题研究——以上海市为例》,MPA专业学位论文,中共上海市委党校,2022年。

[43] 冯淑梅:《上海红色文化遗产价值阐释路径研究》,硕士学位论文,上海师范大学,2022年。

[44] 周静:《中国共产党对红色文化的传承与创新研究》,博士学位论文,南京大学,2021年。

[45] 席岳婷:《中国考古遗址公园文化旅游研究》,博士学位论文,西北大学,2013年。

基于知识图谱技术的英烈人物数据库构建探索

胡鹏

摘要："十四五"时期，信息化进入加快数字化发展、建设数字中国的新阶段。推进红色文化资源尤其是英烈人物资源的数字化乃至数据化组织、管理和开发利用，对推广英烈人物事迹，弘扬红色文化精神有着重要的理论价值和实践意义。同时，建设英烈人物数据库，可以为英烈人物研究提供技术赋能，对于完善英烈史料和英烈事迹的收集、整理、挖掘、研究也具有重要学术价值。

关键词：英烈人物；红色资源；知识图谱

一、背景

目前，不少红色文化场馆、研究机构开始建立红色文献、红色人物等主题网站，逐步实现红色历史资料的数字化和数据化。但这些平台的一个共同点就是他们仅仅是将文献、图片、音视频等数据上传到平台，进行信息的展示和罗列，没有真正体现出红色资源要素间的联动。随着数字技术的发展，红色资源的组织、管理和利用模式已产生了"从数据孤立到数据关联"的变革。

知识图谱作为当下新兴且应用广泛的一种展现形式，充分运用数据管理、文本挖掘、语义关联、可视化呈现等计算机技术，能够提供语义化、可视化、智慧化的数字资源知识组织范式，以一种新的传播视角对红色资源进行挖掘与整理，可以全面立体地再现中国共产党红色谱系的生态系统和内在关联。英烈人物数据库就是充分运用知识图谱技术，将相关主题领域的知识结构化、体系化、关系化，以文字、图像、音视频、数字多媒体等数据为基础，依托于现有的英烈人物研究资源，真实全面记录英烈人物信息，深度挖掘英烈人物信息的内涵和联系，以达到保护红色资源和传承弘扬英烈精神的目的。

二、方法与技术框架

1. 数据采集与整理

英烈人物数据库的数据处理是一个复杂且关键的过程，涉及多种数据类型，包括文献资料、图像、音视频等多媒体数据。在对红色素材进行加工时，需要根据人、物、事、时间、地点等不同属性，分别匹配文、声、图、像、影等不同的媒体进行优化表达。

① 文献资料采集：文献资料包括文字、档案、传记等，常用于红色文献内容的陈述和日常所见场景的描述。通过学术搜索引擎，如知网、超星学术、图书馆数据库等，收集与研究主题相关的学术文献，使用爬虫技术①可实现自动化文献检索和下载。

② 图像数据采集：图像包括照片、传单、宣传画、电报等。通过购买或使用爬虫技术，从图片分享网站或专业图像数据库中获取相关图像数据。同时，考虑使用计算机视觉技术进行图像标注和特征提取，以便更好地融入知识图谱。

③ 音视频数据采集：声音包括系统中经常应用到的音乐、旁白、伴音、背景音、环境音等。音频数据可以从音乐流媒体服务、广播剪辑或开放数据中集中获取，而视频数据则可通过视频分享平台或专业视频数据库获得。使用语

---

① 爬虫技术是一种自动化获取互联网信息的技术。

音识别和视频分析技术有助于从中提取有用信息。

④ 数据清洗与整理：对采集到的数据进行清洗，包括去除重复项、处理缺失值、统一格式等。然后使用自然语言处理技术（NLP）[1]处理文本数据，例如使用自然语言处理方法采集海量数字文本，并为索引、研究数据库或没有时间阅读全文的读者创建摘要和概要。最出色的文本摘要应用使用语义推理和自然语言生成（NLG）技术[2]，为摘要添加有用的上下文和结论。

⑤ 数据存储与建模：选择合适的图形数据库，如 Neo4j[3] 来存储知识图谱数据，并定义实体、关系及属性。采用标准的知识表示语言，如 RDF 资源描述框架（Resource Description Framework），它是用于描述网络资源的 W3C[4] 标准，比如网页的标题、作者、修改日期、内容以及版权信息，有助于数据的互操作性。

2. 知识图谱构建

知识图谱构建基于一些核心技术原理，主要包括实体识别、关系抽取、知识表示和图数据库的应用。在数据库中的应用方法包括创建节点（实体）和关系，定义图谱模式，以及通过查询语言实现对知识图谱的检索和更新。通过这些技术原理和应用方法，构建的知识图谱能够更好地支持语义搜索、智能推荐和复杂关系分析等应用场景。

① 实体识别：实体识别是识别文本中具有特定含义的实体的过程，如人名、地名、组织等。基于 NLP 技术，使用命名实体识别模型，例如命名实体

---

[1] 自然语言处理技术（NLP）是将计算语言学（基于规则的人类语言建模）与统计、机器学习和深度学习模型相结合的技术。这些技术共同让计算机能够以文本或语音数据的形式处理人类语言，理解语言的完整含义。
[2] 自然语言生成（NLG）是利用人工智能和语言学的方法来自动地生成可理解的自然语言文本。
[3] Neo4j 是一个高性能的图形数据库，它将结构化数据存储在网络（从数学角度叫作图）上而不是表中。Neo4j 也可以被看作是一个高性能的图引擎，该引擎具有成熟数据库的所有特性。
[4] W3C（World Wide Web Consortium，万维网联盟），又称 W3C 理事会，是万维网的主要国际标准组织。

识别 NER（Named Entity Recognition）[1]，有助于从文本中提取关键实体。

② 关系抽取：通过关系抽取技术，可以从文本中提取实体之间的关系。采用深度学习模型[2]或规则基础的方法，能够自动识别和建模，建立和实体之间的关联，进而构建知识图谱的关系网络。

③ 知识表示：知识表示是将从文本中提取的实体和关系映射到计算机能够理解的形式。常用的表示方法包括资源描述框架（RDF）[3]和本体论（Ontology）[4]。RDF 用于表达实体、关系和属性，而本体则定义实体的层次结构和语义关系，使得知识可以更好地被理解和查询。

④ 图数据库应用：知识图谱数据通常存储在图数据库中，例如 Neo4j。图数据库以图的形式存储实体和关系，具有高效的图查询能力，有利于复杂关系的分析。通过查询语言，如 SPARQL[5]，可以方便地检索和更新图数据库中的知识图谱数据。

3. 可视化呈现与用户体验

可视化呈现在知识图谱与数据库互动中起着关键作用，通过图表和图谱等手段，用户可以更直观地理解和探索数据库中的信息，能够更轻松地从庞大的数据中获取有价值的信息，优化用户体验，推动知识图谱与数据库更有效地

---

[1] 命名实体识别（Named Entity Recognition，NER）是 NLP 中一项非常基础的任务。NER 是信息提取、问答系统、句法分析、机器翻译等诸多 NLP 任务的重要基础工具。

[2] 深度学习属于机器学习，深度学习本质上是一个三层或更多层的神经网络。这些神经网络试图模拟人脑，支持从大量数据中进行"学习"。目前开发者最常用的深度学习模型与架构包括 CNN、DBN、RNN、RNTN、自动编码器、GAN 等。

[3] 资源描述框架（Resource Description Framework，RDF）是一个使用 XML 语法来表示的资料模型（Datamodel），用来描述 Web 资源的特性，以及资源与资源之间的关系。

[4] 本体是对现实世界中实体、概念和关系的形式化描述，用于定义知识图谱中的概念和它们之间的关系。本体通常使用 OWL（Web Ontology Language）或 RDF（Resource）描述框架等语言表示。

[5] SPARQL 即 SPARQL Protocol and RDF Query Language 的递归缩写，专门用于访问和操作 RDF 数据，是语义网的核心技术之一。

互动。

① 图表展示：利用各类图表，如柱状图、饼图、折线图等，将数据库中的数据可视化呈现。这样的图表能够帮助用户更容易地理解数据的分布、趋势和关联，提供直观的数据分析工具。如下图：

全国烈士纪念设施

国家级	省级	设区的市级	县级
277处	500余处	600余处	2,000余处
占比6.98%	占比12%	占比15%	占比65%

全国烈士纪念设施级别分布占比

来源：中华英烈网，https://www.chinamartyrs.gov.cn/x_jnss/。

② 知识图谱呈现：知识图谱以图形方式展示，让用户通过交互式图谱浏览实体之间的关系。用户可以通过节点和边的形式深入了解关联实体的详细信息，从而促进对知识图谱的深入探索。如下图：

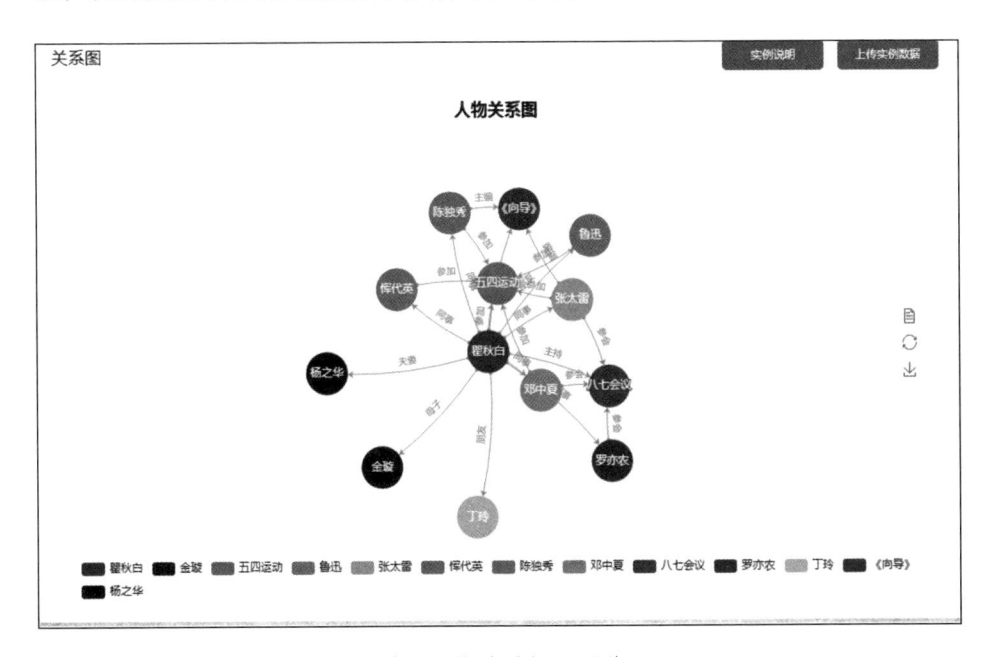

英烈人物关系知识图谱

来源：笔者自制。

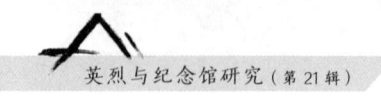

③ 交互式查询：实现用户友好的查询界面，支持自然语言查询或简单的图形化查询工具。通过与数据库的交互，用户可以直接提出问题或指令，获得即时的可视化反馈，提高用户对数据库的操作效率。如下图：

历史人文大数据平台查询界面

来源：上海图书馆历史人文大数据平台，https://dhc.library.sh.cn/。

④ 响应式设计：确保可视化界面在不同设备上都能够良好呈现，采用响应式设计，使用户无论在桌面还是移动设备上都能够方便地访问和操作数据库。

三、案例探析

1. 案例设想

龙华烈士纪念馆作为国家级烈士纪念设施，拥有大量英烈人物的特藏①资源和革命文物，满足数字化存储和展示的迫切需求。进一步探索它们的内在关系和价值，能够充分揭示龙华英烈人物的革命精神，对打造革命烈士纪念地、

---

① 根据《新编图书馆学情报学词典》定义，特藏是指需要特殊收藏保管和供专门参考而组织的某些珍贵藏书，如珍本、善本、名人手稿、特种文献和地方文献等。

上海市龙华英烈陵园官网手机端界面

来源：https://www.slmmm.com/index.html。

初心使命教育地、红色文化传播地具有重要意义。

英烈人物数据库拟以龙华烈士纪念馆的特藏图书、档案、音像制品、实物为基础，秉承开放的理念，打造烈士基因信息数据流转中心，建设龙华英烈纪念馆数字资源库、红色资源库、革命素材库等。它依托纪念馆信息采集网络基础设施，对图、文、声像数据进行结构化和创新性转化，利用海量、多源、异构的红色资源信息，结合纪念馆内丰富的实体馆藏文物和图谱数据中的人名、地名、机构、事件、物品等核心领域本体、概念本体和应用本体互联互通，构建基于知识图谱及可视化展示技术的革命人物知识图谱专题展示系统。可显著提升烈士纪念馆红色文献资源知识图谱方向的服务效能，在革命历史研究、革命文化传承、革命精神激发等方面发挥重要的导向作用。

2. 内容设计

英烈人物数据库在内容设计方面，将以多模态数据基础设施为出发点，为龙华烈士纪念馆的红色文化资源的数字化保护、数字化研究、数字化传播、数字化体验提供标准化的数据服务，为红色文化资源活化利用、红色文化知识传承保驾护航。首先，对红色文献的自然特征、演变过程等资料进行收集与分析，总结红色文献形成、发展、传承与传播等特点，并建立红色文献知识谱系。其次，针对红色文献体系的跟踪挖掘、含义挖掘、谱系挖掘、地域挖掘等方法提炼凝结红色文献谱系的特征要素。最后，建立专门的数据库将特征要素数据进行梳理与关系映射，从而分析其时序演变以及地域分布等特征。具体将构建出"历史时序谱系""革命活动空间地理谱系""烈士群体社会网络谱系""革命事件演化谱系""红色资源传承谱系"等五大红色资源谱系。

① 历史时序谱系。红色资源发展过程可归纳为以下过程：形成于新民主主义革命时期，贯穿大革命时期、土地革命战争时期、抗日战争时期和解放战争时期。通过时序数据①可视化方法，梳理红色资源的历史演变轨迹，寻找红色文化形成的根源、演变过程以及发展趋势等，从而得到红色资源的历史演变关系。

② 革命活动空间地理谱系。中国革命人物的活动地、牺牲地在空间尺度上分布不均衡，不仅有中国，有一部分甚至在国外。在国内省级分布主要集中在川、闽、陕、赣、鄂、皖、豫、晋、湘、苏等10个省份。同时，形成六大核心聚集区，即沪浙地区、赣南闽西地区、湘赣地区、鄂豫皖地区、陕北地区和

---

① 时序数据指时间序列数据。时间序列数据是统一指标按时间顺序记录的数据列。数据分析的目的一般是通过找出样本内时间序列的统计特性和发展规律性，构建时间序列模型，进行样本外预测。

京津冀地区。革命文献档案中记载了诸多革命英雄及其英勇事迹，革命英雄的人生经历同步产生了时空迁移，有关"迁移轨迹"的知识发现，同样折射出社会变迁特征，对人文研究、展示具有重要的参考价值。

③ 烈士群体社会网络谱系。利用计算语言学①方法论，对龙华英烈的生平传记、信件、日记、审讯材料、审判记录、口述史等多种文献进行归纳整理和内容挖掘，分析他们的人口学特征、革命斗争形式及革命工作内容等，多维度呈现龙华英烈的政治觉悟、政治品质、思想道德等，具象化描述龙华英烈群体如何坚定革命信仰，坚守初心使命，顽强拼搏奋斗。因此，需要对文献进行深度解构，构建以龙华英烈为中心的群体特征本体或词表描述框架，进而从文献中抽取框架中的对应实例，完成龙华英烈的群体精神内涵与时代价值特征描述。

④ 革命事件演化谱系。利用龙华英烈红色资源图谱平台的检索功能，不仅能快速检索文献相关节点，还能发掘实体关联下的隐性知识，实现历史语境下相关主题的数字化再现和知识发现，推动中国革命史研究从数据、学术到创造的整合发展。

⑤ 红色资源传承谱系。中国共产党在百年奋斗历程中孕育了伟大的建党精神、红船精神、长征精神、延安精神、抗战精神等数十种红色精神谱系。这些红色精神拥有连贯的思想内核，鲜活生动、涵养后人。新技术环境下的红色文献建设与利用，追求形式多样、受众广泛、存取便捷、利用高效的目标，将海量、异构的红色资源组织成为有序的知识资源，并向社会各界提供高效的知识服务，是解决离散且独立的红色文献资源系统化整合问题，充分发挥红色文献资源资政育人作用的重要举措。龙华烈士纪念馆承载着党的初心与使命，应该在红色资源传承中做出贡献，为红色文化传播和革命历史教育发挥数据中心

---

① 计算语言学（Computational Linguistics）是跨学科的研究领域，其目标是找出自然语言的规律，建立运算模型，最终让电脑能够像人类一样分析、理解并处理自然语言。

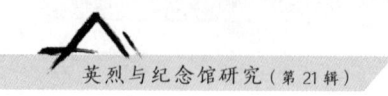

的作用。

3. 平台设计

英烈人物数据库的外观设计至关重要，它代表了龙华英烈红色资源的整体形象。应力求美观大方、简洁明快、主题鲜明，满足用户的系统性知识需求，激发用户了解红色文献、深挖红色资源的兴趣，同时逐步建立一系列完善的读者服务体系，形成内部的知识信息交流中心。

红色资源知识图谱数据架构，首先通过红色资源文化特征的挖掘厘清主题方向，同时根据谱系属性数据的数理统计结果以及可视化数据库的关系呈现，从而确定需要展现的可视化主题及代表性的数据信息。

在可视化主题以及针对主题的数据范围明确后，需要对图谱数据进行抽取，完成抽取数据的转换后，建立各个主题下的数据信息表，如烈士牺牲事件时序变化的数据表。需要统计在各个时期的事件分布、事件类型、事件发生地和遇害人数等属性和信息。然后针对数据表所呈现的数据特点进行可视化结构的映射，如土地革命和解放战争时期的牺牲分布，与抗日战争时期有显著差异，因此在结构映射上更倾向采用中心发散的可视化结构。最后，在可视化结构总体布局完成后，在色彩搭配、图形设计、格式塔原理以及图示图解原则的指导下，对可视化结构视图进一步修饰，以达到更易读、美观以及清晰的效果。

四、结论与展望

龙华烈士纪念馆打造的英烈人物数据库对红色文化传承和行业内部交流都具有重要意义。一方面，该数据库将是友好型、个性化的人机交互知识图谱数据库，能够为每个用户、组织和机构提供设施、知识和服务的红色文献资源共享基础。通过提供直观化、语义化、可视化的展示，帮助用户更深入地了解英烈人物的内在关联，加深对红色文化的认知，进一步引发社会对英烈人物事迹的关注，从而推动红色文化的传播与影响力。另一方面，它也能为学者创造开放的、学术性的环境,成为具有时代特征和创新性的学术体,促进跨领域的知识融合,有助于知识的共享,促进各个领域专家之间的互动与合作,为学术研究提供更好的研究基础。研究机构则可以借助图谱呈现形式,更生动地传递红色文化知识。这将有助于提高学术研究的深度和广度,增强红色文化在教育中的传承效果。

在未来的努力中,研究人员将不断完善英烈人物数据库,加大与各地档案馆、图书馆,以及社会各界合作力度,将英烈人物数据库与其他红色文化资源整合,构建更为庞大、综合的数字人文平台。此外,还将进一步提升情感分析技术的准确性,将更多的情感元素融入英烈人物事迹的呈现,使用户更深刻地感受到红色文化的情感价值。通过这样的整合以更好地服务于学术研究、教育教学以及社会传播等多个领域,为红色文化的传承和发展提供更为强大的支持。

作者单位:龙华烈士纪念馆

参考文献

[1] 王洋:《企业数字档案馆(室)建设问题与对策》,《北京档案》,2022年第1期。

[2] 张云中、郭冬、王亚鸽、孙平:《基于知识图谱的红色历史人物知识问答服务框架研究》,《图书情报工作》,2021年第16期。

[3] 何琳、武帅、叶雅慧、白莹:《基于轻量级本体的雨花英烈群体特征构建与分析研究》,《农业图书情报学报》,2022年第12期。

[4] 熊杰、章锦河、周瞿、朱顺顺、赵琳:《中国红色旅游景点的时空分布特征》,《地域研究与开发》,2018年第2期。

[5] 陈海玉、向前、赵冉、何剑锋:《红色基因传承下馆藏红色文献知识库构建探

究》,《北京档案》,2022 年第 1 期。

[6] 宋姬芳、朱小梅、王丽丽:《传承红色基因助力资政育人——中国人民大学图书馆红色文献整理与利用实践》,2022 年第 1 期。

[7] 邓君、王阮:《口述历史档案资源知识图谱与多维知识发现研究》,《图书情报工作》,2022 年第 7 期。

人物研究

"箱"伴同行，在"新生活"中的抗日救亡战士杜重远

苏莉敏

摘要：一件文物，一个故事，一段历史……龙华烈士纪念馆馆藏文物记载着各个历史时期革命先烈们的丰功伟绩，见证着那些艰苦卓绝斗争岁月中的坚定信仰，传承着中国革命的伟大精神和代代相传的红色基因，是党和国家不可替代的宝贵财富，也是激发爱国热情、振奋民族精神的生动教材。透过文物了解其背后的历史故事，可以让大众走进革命历史，感受革命精神。本篇将以馆藏文物为切入点，以物叙事、以事带人、以人见精神。

关键词：文物；杜重远；革命

龙华烈士纪念馆基本陈列《英雄壮歌——上海英烈纪念陈列》集中展示了257位与上海紧密相关的，为中国的革命、建设和发展做出过杰出贡献的英烈英模事迹，体现了"祖国至上，无私奉献，锐意创新"的龙华英烈精神。截至2023年年底，龙华烈士纪念馆馆藏文物共计约3 000件（套），其中第四展厅中陈列的两件文物令人十分动容，它们见证了一位最热忱的爱国民主人士为中国革命、抗日救国历尽艰险、奔波劳累的一生。

第一件是这本《新生》周刊，它是20世纪30年代前期在国民党统治区

的爱国救亡运动发展进程中产生过巨大社会影响的刊物。刊物系16开本，质地为纸质，尺寸为宽19厘米，长24.3厘米。1934年2月10日由杜重远在上海创刊，到1935年6月22日被迫停刊，前后存在了不到一年半的时间，一共出版发行了2卷72期。1995年，龙华烈士陵园筹办处从上海书店购入，现存有该刊50本，分别是第1卷第1至23期、25至27期、29至43期、45期、47期、49期，第二卷第1、7、8、14、16、17期，均为国家三级文物。

杜重远发行及主编的《新生》周刊(24.3厘米×19.0厘米)

杜重远赴新疆时用的皮箱(24.0厘米×38.0厘米×12.0厘米)

第二件则是这个老式黑色皮箱，长38厘米，宽24厘米，高12厘米，皮箱的正面有拉手，两边是匙孔，箱盖内有夹袋，现为国家一级文物。曾于1937年至1939年间多次跟随这位爱国民主人士往来于新疆与上海之间，是他亲密的"战友"。

这两件文物的主人就是杜重远(1897—1943)，吉林怀德人，中国民主革命时期著名的实业家、社会活动家和教育家，是著名的爱国民主人士。他早年留学日本，回国后在沈阳创办肇新窑业公司，以图实业救国。"九一八"事变后，他在上海参加抗日救亡运动。1934年主编《新生》周刊。1935年因在《新生》周刊刊登

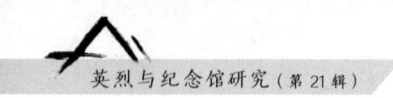

反日文章《闲话皇帝》遭国民党当局逮捕判刑。1939年1月,受周恩来委托赴新疆开展工作,任新疆学院院长,继续宣传抗日。他一生致力于救国救民,为实现民族解放和国家独立而殚精竭虑,直到1943年,在新疆被秘密杀害。

杜重远长于东北,儿时内忧外患的现实处境让他从小便萌生了反帝爱国情感,许下了以身报国的壮志。随着他救国实践的开展与深入,杜重远先后形成了实业救国、文化救国、抗日救国等思想。"九一八"事变后,杜重远义无反顾地投入"东北民众抗日救国会",宣传抗日救国思想。"因为不甘心做日本帝国主义的顺民",他不久放下自己的实业,沿平津南下上海。在上海,他结识了邹韬奋等进步人士,并为邹韬奋主编的《生活周刊》撰写文章,积极宣传抗日,从而与邹韬奋结下了深厚的情谊。1933年12月,《生活周刊》遭国民党当局查禁,邹韬奋被迫流亡海外。为了教育人民不忘国耻,号召民族的新生,杜重远不畏强暴、挺身而出,以实业家的身份和社会关系,克服各种困难,于1934年2月在上海创办了《新生》周刊,并自任主编。他在《发刊词》中说道:"中国国家到了这步田地,不是几个能征善战的军事家,抵抗了一个多月,就可以挽回劫运;也不是几个雄才多辩的外交家,几次的折冲鼎俎,就可以解决国际纠纷;更不是几个流氓式的学者、马路上的政客,东拉西扯,抄袭一些新主义,挂起一块空招牌,就能把四万万五千万人,拯之于水火,登之于衽席……这便是创办本刊的动机。""希望借助文字力量,以达到抗日救国之目的。"

《新生》周刊每逢星期六发行,每期20页左右,设有"老实话""专论""时事问题讲话""人物传记"等20多个栏目,图文并茂,封面配以彩色时事图片。其中在每期刊物卷首位置,杜重远都会亲自撰写一篇关于实论性的小短文作为固定栏目"老实话"的专栏,这些"老实话"的文章篇篇切中肯綮,感情真挚,被视作该刊物的"脊椎",颇受各阶层读者欢迎和关注。自创刊问世,销数随期数俱增,很快就突破了十万余册,成为当时销量最大、影响最广的进步刊物之一。同时,这也遭到了日本帝国主义和国民党反动政府的嫉恨与仇视。

正当杜重远主编的《新生》周刊日益深得人心时,1935年5月4日,《新生》

周刊第2卷第15期刊登了一篇署名为易水(艾寒松)的杂文,题为《闲话皇帝》。文中泛论中外的君主制度,写得生动而风趣。但仅仅这样一篇非常普通的文章,日本帝国主义却蓄意借机挑起事端,指责其内容对天皇"大不敬",并向国民党当局提出"严重抗议",以及多种无理要求;国民党当局竟全部接受,强行下令取缔《新生》周刊,同时将刊物发行人、主编杜重远逮捕入狱,并判刑一年零两个月。一时舆论哗然,成为震惊中外的"新生事件"。

西安事变和平解决后,在中国共产党的倡导下,抗日民族统一战线最终形成。国内形势的发展极大地鼓舞和激励着杜重远抗日救国的热忱。杜重远认为必须使全民族抗战成为全国的舆论中心,才能动员全国军民投入抗日救国运动。而抗战的胜利还取决于中苏的联合。中苏要联合,新疆就是一个突破口:它不仅是中国人民抗战的大后方基地,又是当时唯一的国际援助交通要道。正是看到了中国共产党在新疆的重要作用和抗日的决心,看到了新疆的希望所在,于是他满怀豪情地开始了新疆之行。1937年至1938年间,他多次远赴天山为抗日救国奔走呼号。每次远渡,杜重远都会随身携带一只黑色皮箱,里面装满了他在新疆的各个时期的所见所闻、亲身感受和搜集的丰富材料,利用这些素材,他又先后撰写了《到新疆去》《三度天山》两部长篇通讯来集中宣传新疆,并收到了强烈的社会效果。

1939年1月,杜重远受周恩来委托赴新疆开展工作,并任新疆学院院长,决心为发展新疆文化做些贡献。新疆学院是当时全疆的最高学府,为了培养优秀的抗日人才,他率先力行,长途跋涉往返于新疆与武汉、重庆、昆明、香港间,招兵买马,集结成一支名副其实的"文化大军",受到新疆各族人民的热烈欢迎。而后他又亲自往返各地,采购了一大批进步文化书刊和文化技术设备运往新疆,一个熟悉的黑色皮箱再次装满了新疆各机关、各团体、各学校争先恐后递交来的大批书单,跟随着他在重庆走遍了生活书店、新知书店、新华日报馆等各大书报馆。杜重远采购了新近出版的有关政治、经济、哲学、史学等各门类的好书,足足装满了3辆卡车,他自豪地称之为"文化列车"。这辆开往西部边陲的"文化列车"大

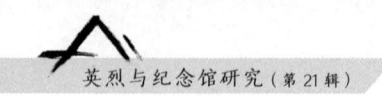

大地鼓舞了新疆人民的抗战决心,对建设新疆,培养抗日人才起了积极的作用。直到1943年杜重远在新疆被害牺牲后,他的这位"战友"才"光荣退休"。1994年12月龙华烈士纪念馆筹建时,杜重远的妻子侯御之将珍藏已久、"箱"伴其丈夫一生的皮箱捐赠予龙华烈士纪念馆,作为杜重远实物展陈之用。

习近平总书记对革命文物工作做出过重要指示,他强调:加强革命文物保护利用,弘扬革命文化,传承红色基因,是全党全社会的共同责任。龙华烈士纪念馆集全馆之力将革命文物保护利用工作列入重要开展工作之一,加大力度切实把革命文物保护好、管理好、运用好,发挥好革命文物在党史学习教育、革命传统教育、爱国主义教育等方面的重要作用,为全面建设社会主义现代化国家、实现中华民族伟大复兴中国梦而奋斗。

作者单位:龙华烈士纪念馆

为人民利益而牺牲是最光荣的
——记巾帼英雄茅丽瑛

邓一帆

摘要：茅丽瑛，中共党员，上海中国职业妇女俱乐部首任主席。1937年，全面抗战爆发后，茅丽瑛毅然辞去薪酬优厚的海关工作，积极投身于抗日救亡活动中。1939年，茅丽瑛被日伪特务暗杀，牺牲时年仅29岁。上海解放后，市长陈毅为她题写挽词："为人民利益而牺牲是最光荣的，人民永远纪念她！"

关键词：茅丽瑛；抗日救亡；义卖；职业妇女

1939年12月12日晚，三声凄厉的枪响撕破了黑夜，在上海公共租界最繁华的南京路、四川路口的慈昌大楼下，一名身形瘦削的女青年倒在了血泊中。中弹者是上海中国职业妇女俱乐部①主席、中共早期组织成员茅丽瑛。这起由汪伪特务一手策划的恐怖暗杀事件震惊了全市，激起了社会各界的强烈愤慨和巨大反响，更激励了千万人踏着英雄的血迹前进，去完成她未竟的事业。

一、在困境中成长

1910年，茅丽瑛出生在浙江杭州的一个穷困潦倒的小官吏家庭，5岁时父

---

① 抗日战争时期的妇女抗日组织。1938年5月5日成立于上海，茅丽瑛、蒋学杰任正副主席，有会员1 000余人。1939年12月12日茅丽瑛遭汪伪特务暗杀后，职妇停止活动。

亲因欠债投湖自尽，不久哥哥因无钱治病而夭折。走投无路的母亲朱氏带着茅丽瑛和妹妹投奔上海的一个远亲，并在亲戚的帮助下来到上海启秀女中①当校工，但母亲微薄的收入实在无法养活两个小孩，只能被迫将妹妹送给别人当养女。8岁时，茅丽瑛在陈招悦先生②的资助下幸运地进入启秀女中小学部学习。悲惨的身世和坎坷的童年在茅丽瑛幼小的心灵留下了深深的烙印，她非常珍惜这个来之不易的学习机会，每日刻苦攻读，各科成绩名列前茅，特别是英语和钢琴演奏尤为出色。学习之余，茅丽瑛还力所能及地为学校做些勤杂工作，以品学兼优赢得了老师们的喜爱和同学们的钦佩。在高中时，茅丽瑛还被幼稚园聘请为音乐教师，成为启秀女子学校年龄最小的"先生"③。1930年，茅丽瑛考入苏州东吴大学④法律系，立志成为一名伸张正义、维护公理的律师，但因为家贫付不起学费，仅仅学了一个学期就被迫辍学。

1931年3月，茅丽瑛以英语口语和速记最高分的成绩从数千名考生中脱颖而出，考进上海江海关⑤任秘书科英文打字员。当时女职工在江海关的比例极小，能考进来的女性更是凤毛麟角。上海江海关是全国最大也是受帝国主义势力直接管控的海关，薪金报酬比一般政府机关、公司高出二到三倍，但关内所有要职均由英国人担任，占总人数四分之三的华人员工被严格限制出任中高层的管理人员，大多充当杂役，薪金不到同等岗位洋员的六成。江海关还制定了禁止使用中文、禁止参加政治活动等各种戒律。殖民者统治下海关屈辱、压抑的氛围，让茅丽瑛感到迷茫和痛苦，情绪低落的她经常阅读进步文学作品，

---

① 启秀女中于1905年建校，办学严谨，重视教学质量，尤重英语教学，是民国时期上海著名私校之一，现并入上海市向明初级中学。
② 陈招悦，女，启秀女中教务主任，对贫苦学生富有同情心，见茅丽瑛聪颖好学，供其上学，亲自教弹钢琴。
③ 吴纪椿、毛和利：《茅丽瑛》，上海文化出版社，1999年，第12页。
④ 1900年由基督教监理会在苏州创办，是中国第一所西制大学，1982年学校更名为苏州大学。
⑤ 江海关指清代设于上海的新旧两个海关，最早于康熙二十三年（1684年）设立，后设立外籍税务管理委员会，由英美法三国领事指派代表，清政府地方官任命，专门负责外轮关税征收事宜。

观看宣传抗日救国的话剧、影片和演讲，思考民族的出路和国家的前途，她的思想发生转变。此时，日本帝国主义也进一步加紧了对中国的侵略，"九一八"事变和"一·二八"淞沪战役先后爆发，她的内心生出强烈的爱国之情，于是她每个月都拿出部分薪金，通过海关俱乐部的东北难民救济会捐献给东北抗日义勇军。①

1936年9月，中共江海关支部②成立。11月2日，在江海关支部的领导下，"以文会友，敬业乐文"的群众团体"乐文社"正式成立。③乐文社的活动深深地吸引着茅丽瑛，喜爱读书的她报名参加了党支部书记胡实声④直接领导的、由妇女职员组成的半公开读书会，如饥似渴地学习和阅读《历史唯物论》《新生周刊》《新唯物论大纲》等马列主义基础理论和进步书刊，接受革命启蒙教育，不断提高政治觉悟，不久还成为《关声》⑤的特约撰稿人，发表了很多时事评论和文章。擅长弹钢琴的茅丽瑛还参加了歌咏组，经常在音乐会上弹奏钢琴，演唱《抗敌歌》《保卫中华民族》等进步歌曲。她对时事政治非常感兴趣，积极参与乐文社开展的各种社会问题讨论会，与会员们一起针砭时弊，探讨盗贼、娼妓、失业、贫穷、妇女、婚姻、私生子、犯罪等各种社会问题。乐文社为茅丽瑛打开了一扇新的大门，使她逐渐认识到："我们要使民族复兴……最根本的办法，还是在于社会制度整个改进。……我们要解决一切不合理的问题，除了扫除封建思想和反抗帝国主义压迫以外，是不可能彻底解决的！"⑥

---

① 周太彤、胡炜主编，上海市黄浦区志编纂委员会编：《黄浦区志》，1996年，第1355页。
② 上海江海关是全国第一大关，有华员2 000余人。抗日战争前夕，为了阻止江海关的抗日斗争，党在江海关成立了中共江海关支部。
③ 启文：《江海关乐文社成立大会》，《关声》，1936年第4期。
④ 胡实声，北平税务专科学校第26届毕业生，1935年秋担任"武卫会"上海市大专院校分会主席，1936年7月加入中国共产党。
⑤ 《关声》，海关外班华员俱乐部刊物，以"增进海关人员道德修养，提高业务水平，谋求共同福利"为宗旨，1927年5月26日出版第一期，1949年10月15日出版最后一期。
⑥ 茅丽瑛：《集体讨论》，《关声》，1937年第5卷第11期。

二、舍小家为大家

1937年8月13日，日本侵略军进攻上海，中国全民族抗战的局面迅速形成。8月17日，在海关党支部的领导下，以乐文社为基础的"海关华员战时服务团"宣告成立。茅丽瑛担任慰劳组组长，她不知疲劳地日夜奔走，曾3次带领着慰问队去淞沪战场前线，与男同事们一起冒着炮火跳进战壕，将水果、食品、日用品等慰问品亲自送到士兵手中；31次赴伤兵医院慰劳伤员，[1]和慰劳队员们一起为士兵们演唱抗战歌曲，并发表激情洋溢的抗战演讲，受到了战士们的热烈欢迎。

1937年11月，中国军队撤离上海，上海市区租界沦为"孤岛"。"海关华员战时服务团"因形势而解散，上海党团组织也遭到巨大破坏，党团组织关系被中断。为了寻找党组织，更广泛地开展抗日救亡活动，江海关的一部分积极分子"计划着抛弃了海关优裕的生活，组织海关同人救亡长征团，出发长征"[2]。茅丽瑛因为母亲年迈多病而非常矛盾和纠结，但最终强烈的爱国情怀还是促使她战胜小我，"我爱我母亲，但我也爱我祖国，危难中的祖国，是更需要我们年青人的热血！"[3]一夜未眠的她鼓足勇气把自己的计划告诉了母亲，通情达理的母亲哭着答应了她的请求。在长征团出发前的最后一天，茅丽瑛辞去了薪酬优厚的海关工作，放弃还有两个月就可以拿到的一笔相当于本人一年工资总额的酬劳金[4]，毅然决然地参加了由海关职工19人组成的上海"海关同人救亡长征团"。[5]

---

[1] 吴纪椿、毛和利：《茅丽瑛》，上海文化出版社，1999年，第60页。
[2] 遵：《海关同人救亡长征团组织经过报告》，《民族生路》，1937年第2期。
[3] 西濛：《几段回忆》，《上海妇女》，1939年第1期第1卷。
[4] 英国人为了便于统治中国海关，沿用一套英国文官制度，进了海关便得到终身职业，薪酬高，还有年资加薪、定期酬劳金、养老金等。
[5] 遵：《海关同人救亡长征团组织经过报告》，《民族生路》，1937年第2期。

11月25日，团长蔡鸿干①率领长征团自沪出发到粤。②茅丽瑛性格开朗、多才多艺，组织能力很强，又能熟练运用上海话、普通话和英语，③很快成为长征团的骨干力量，在各项工作中发挥了重要作用。她与广州、江门、九龙等粤海关同仁打成一片，一起召开座谈会、出墙报、印发抗日宣传品，还积极参加当地抗日团体组织的示威游行，并会同当地文化界抗日后援会到街头、学校以及电台演播救亡歌曲和抗日话剧，举办宣传抗日以及各地抗战形势的演讲。经过南下广东这一段革命风云的洗礼，茅丽瑛在政治上更加成熟了。1938年初，长征团联系上八路军广州办事处④，得知去延安的方法途径后，部分人前去延安，进入抗大和陕北公学学习。茅丽瑛本来也打算去延安，但此时却收到母亲病危的消息，不得已返回上海。

三、操办职妇事业

茅丽瑛回到上海后，在中共江苏省委职工运动委员会（职委）的领导下，与董琼南、柯执之、郑玉颜、蒋浚瑜等人一起负责中国职业妇女俱乐部的筹建工作。1938年5月5日，职业妇女俱乐部（以下简称"职妇"）正式成立，会址设在南京东路慈昌大楼的二楼，茅丽瑛被选为主席，蒋学杰为副主席，郑玉颜、杨宝琛、钱慧芸、董琼南、郁钟馥、吴湄、龚冰若、柯执之等人先后任理事。⑤为了使"职妇"取得合法地位，茅丽瑛事先还在公共租界工部局警务处

---

① 蔡鸿干于1924年加入共青团，1925年领导大同大学的学生参加五卅运动，是五卅运动上海五大学生领袖之一，1936年2月，任上海江海关四等稽查员。
② 遵：《海关同人救亡长征团组织经过报告》，《民族生路》，1937年第2期。
③ 君：《"三八"节忆妇女先烈茅丽瑛女士》，《关声》，1949年第5期。
④ 八路军广州办事处于1938年1月正式成立，云广英为主任。八路军广州办事处代表中共同国民党广东当局保持联系，进行了大量统战工作。同时又利用合法地位，掩护广东的中共早期组织开展工作，介绍和输送了大批先进青年前往延安解放区。广州沦陷后，办事处迁往韶关。
⑤ 上海市妇女联合会编：《上海妇女运动史（1919—1949）》，上海人民出版社，1990年，第192—193页。

（俗称"巡捕房"）进行了团体登记。除此之外，为了能有更多的时间服务社会，茅丽瑛拒绝了上海海关的复职邀请和几家大公司的高薪聘请，只在启秀女中担任半天教学工作。

经过历次实际斗争的锤炼，党组织认为茅丽瑛已具备一个共产党员的基本条件，决定由原海关地下党支部书记胡实声负责发展她入党。胡实声多次与茅丽瑛谈话，有一次，胡实声问："国家要独立，民族要解放，应该由谁来领导？"茅丽瑛毫不犹豫地回答："中国共产党。"①1938年5月中旬，党批准了茅丽瑛的入党申请。年底，"职妇"党员人数增至十余人，成立了党支部，茅丽瑛任支委，分管党团工作，党赋予"职妇"的工作任务都由茅丽瑛等人在理事会通过后，付诸实施。

茅丽瑛入党后，思想有了质的飞跃，为了最广泛地把妇女组织起来，发挥她们的力量，她领导"职妇"遵循"联络职业妇女，提倡正当娱乐，提高民族觉悟"的宗旨，"以新的方式展开了职妇俱乐部的工作，先后成立了唱歌、话剧、平剧、英语、漫画、速记、会计、读书讨论、时事座谈会等十多个活动部门，这些活动有着极大的吸引力，所以不到一年，职业妇女俱乐部的组织已发展到四百多个会员。此外，在每个有关祖国抗战的运动号召起来时，职妇俱乐部总是首先以最大的力量来响应，而茅女士更是首先站起来以最大的努力为四百多姐妹做榜样。"②茅丽瑛爱说"OK"，大家都亲切地叫她"OK主席"，她也总是笑着回答："OK，我是主席，也是大众的牛！"③

"职妇"开办了财务、打字、英文、编织等培训班，教授妇女们一技之长以谋得职业。"职妇"还经常邀请美国著名记者斯诺的夫人韦尔斯、鲁迅夫人许广平等著名社会人士与妇女们座谈，成立了职业剧团，多次举行公演，创办了《职妇》刊物发表进步文章，并积极开展各种节约救难、储蓄救难等活动支

---

① 中共党史人物研究会编：《中共党史人物传13》，陕西人民出版社，1984年，第214页。
② 林栅：《茅丽瑛女士与中国职业妇女俱乐部》，《妇女生活》，1940年第8期第8卷。
③ 上海市妇女联合会妇运史资料组编：《上海女英烈》，1983年，第111页。

援抗战。茅丽瑛还亲授英语课，并以"励茵"[1]为笔名撰写文章发表在《职妇》刊物上，唤起妇女们对于新时代的认识。在茅丽瑛等人的领导下，"职妇"成了妇女们喜爱的乐园。"一踏进'职妇'，就可以看到标语'新的女性应参加社会的生产，不应该做寄生虫。'和一群天真的、活泼的、壮健的中国的姑娘，她们说着、笑着、玩着、学习着，她们是自由的女性、独立的女性、生产的女性……她们不但是一个独立的人，而且还是社会的有机体了。"[2] "职妇"很快从一个默默无闻的小团体，蓬勃发展成为"孤岛"抗日救亡队伍中一支重要的力量，很多妇女在这里得到了启蒙，并走上了革命的道路。茅丽瑛也在党的教导下，在斗争中深刻理解了"妇女解放是民族解放的一部分"的道理。1939年4月6日，她挥笔写下："我们要有热的血，冷的头脑，积极的精神，战斗的意志。我们要随时随地反省，不断地努力克服弱点，那么在未来的新中国里，才配得上称做新的女性！"[3]

四、义卖之中显坚贞

1939年春，江苏省委职委指示"职妇"利用上海"孤岛"的特殊环境，为新四军和租界内难民募集棉衣、经费及救济金。"职妇"决定以"为难民募救济经费"的名义开展"物品慈善义卖会"，并在工部局为义卖登记获取执照。6月，为了扩大社会影响，茅丽瑛邀请虞洽卿、潘序伦等15位沪上知名人士担任义卖赞助者，并动员了一批名伶在大陆电台与新新电台连续举办了三次"劝募寒衣联合大公演"宣传活动和"义卖代价券推销会"，在"孤岛"掀起了一次捐献热潮，也是在这次义卖活动中，茅丽瑛与汪伪展开了直接的正面交锋。在播音的第一天，电台就收到附有一枚子弹和写有"立即停止，否则将于你们

---

[1] 中共党史人物研究会编：《中共党史人物传 13》，陕西人民出版社，1984年，第214页。
[2] 卜克：《访问上海职业妇女俱乐部》，《妇女文献》，1939年第1期。
[3] 浙江省民政厅编：《碧血丹心　浙江烈士英名录　总卷》，浙江人民出版社，2014年，第101页。

不利"的匿名信。面对敌人的威胁和恐吓，茅丽瑛毫不畏惧，她镇定自若地对大家说："继续播音。"①茅丽瑛的坚定和勇敢感染了所有人，听众们情绪空前高涨，鼓励她们坚持到底、捐款捐物和认购代价券的电话络绎不绝。一个少女亲自把存了12年的储钱罐送到电台，说："为了反对恐吓，我打破扑满，为饥寒的人们添些温暖。"一位老太太甚至把结婚纪念品都捐献出来，国货、永安、先施等56家公司、厂家也捐献了大量物品。

敌人没能阻止电台的播音，就千方百计地胁迫有关单位拒绝借场地给义卖会。据回忆称："待一切都筹备妥当，会场也租定了后，忽然在义卖会期前一星期，会场主不愿将会场借出了，因为他们收到了奸徒的恐吓信。这样因受奸徒中伤而义卖会场发生问题的事，竟连续地发生了三次。"②面对敌人的百般阻挠，茅丽瑛坚定地表示："我们无论如何一定要举行这个义卖会，……我已下定决心，愿为义卖而生，为义卖而死。"她带领会员连夜将"职妇"会所布置为义卖场，并亲自题写"一切为义卖"的大幅标语横挂正中。7月14日上午9时，义卖会如期举行，场地虽小，可是与会者热情高涨，声势浩大的义卖会轰动了整个上海，引起反动派的恐慌。"就在交易顺利地进行之下，义卖场里突然来了两个暴徒，很快地他们将整个商场捣毁。当时因为已预料到奸徒们可能有这么卑鄙的一着，所以早已与工部局取得联系，并且会场里还有他们派来的便衣侦探，在他们的视线下，两个暴徒立即被捕。在法庭上，暴徒受审时，茅女士也被邀出庭，在庭上她勇敢地把义卖会一再遭受中伤的经过作了一个演讲，这演讲充分地揭穿了奸徒们卑鄙的手段，最终暴徒以破坏慈善事业罪，被处七个月徒刑。"③义卖按计划举行了两天，所得款项除了2 300元交难民救济协会外，其余用于购置前方战士棉衣，秘密支援苏北地区新四军。在极其艰险的环境中，茅丽瑛圆满地完成了党交给她的光荣任务。而就在她为募捐日夜奔

---

① 中共党史人物研究会编：《中共党史人物传13》，陕西人民出版社，1984年，第214页。
② 林栅：《茅丽瑛女士与中国职业妇女俱乐部》，《妇女生活》，1940年第8卷第8期。
③ 林栅：《茅丽瑛女士与中国职业妇女俱乐部》，《妇女生活》，1940年第8卷第8期。

走时，母亲病危住院了，由于实在无法抽身，茅丽瑛只能托付他人照顾，以至于连母亲临终也没见上最后一面。

五、用生命践行信念

义卖会的成功有力地挫败了敌人的阴谋和气焰，极大地鼓舞了上海人民的抗日热情，却引起了对敌当局对"职妇"和茅丽瑛的仇视。事实上，"职妇"早在筹建之初，巡捕房就派情报人员以《新闻报》记者身份对其进行调查，并派女情报员姚爱珠潜入"职妇"。汪精卫汉奸集团的特务机关（即汪伪国民党中央特务委员会特工总部，以下简称"汪伪特工总部"）更是密谋以恐怖手段对"职妇"领导人进行暗杀。他们收买了已成为"职妇"理事之一的姚爱珠，并指派汪伪国民党中央社会部妇女组（以下简称"妇女组"）监视"职妇"和茅丽瑛。妇女组的组长金光楣派妇女组成员打入"职妇"，偷盗茅丽瑛照片，详细了解茅丽瑛的工作、家庭和活动轨迹，收集其言论，跟踪其行迹，并将这些情报不断报送汪伪特工总部，使其对"职妇"和茅丽瑛的活动了如指掌。1939年11月17日，汉奸报纸《新申报》以《上海共产党企图再举，在文化界积极活跃，日方已加严密监视中》为标题，公开宣称："上海中国共产党之地下活动日渐活泼，开始显露独特之动向……实际以第二史良之中国共产党激烈分子茅丽瑛为中心，为新编第四军文化班担任重大工作，此事既经判明，深遭重视。"由此可见，他们对茅丽瑛进行威胁和恫吓，显露杀机。汪伪特工总部第三处副处长张劲庐将暗杀茅丽瑛的任务交给了第三处侦行组组长黄鸥（女，原名陆秀英），其手下有陈勇（陈剑飞）、魏宝宝（魏高发）、王彪（王云发）和劳鹏（劳永生）四名亡命之徒。黄鸥接受任务后，拿着金光楣提供的茅丽瑛照片，带着陈勇多次跟踪茅丽瑛，意图为行刺做准备。[1]

党组织注意到敌人的动向，担心茅丽瑛的安全，做出让她暂时隐蔽、撤离

---

[1] 邹沛、刘真：《中国工人运动史话4》，中国工人运动出版社，1993年，第317页。

上海去新四军的决定。但茅丽瑛出于对党和革命工作的强烈责任感,坚持要把"职妇"工作安排好了再走,她说:"除了工作,生命中没有什么可留恋的东西。"①党组织的安排和茅丽瑛的打算很快被打入"职妇"的女特务获悉。当汪伪特工总部得知12月12日晚,茅丽瑛将前往"职妇"开会时,认为事不宜迟,决定趁此机会下毒手。黄欧提前领取了四支手枪,并在天黑后带领陈勇、魏宝宝、王彪和劳鹏及她熟识的地痞流氓赵定章、沈阿三,分两批乘坐一辆黑色轿车到达南京东路丁香舞厅弄堂口,按事先布置各就各位。晚上7点半,茅丽瑛和两名会员开完会后一起下楼,刚走到底楼的楼梯转角处,劳鹏上前将茅丽瑛与其他两人隔开,茅丽瑛发觉情况有异,抱紧藏有会员名册的手提包,一边大喊:"强盗!强盗!"一边转身后退。这时暗伏一旁的陈勇对准茅丽瑛连开三枪,随即跳上停站的10路公交车逃走。黄鸥等人听到枪声后马上奔向黑色轿车,驾车逃跑,在爱文义路、赫德路(今北京西路、常德路),因车灯全部熄灭,被巡捕视为可疑欲检查车辆,他们开枪拒检,遂发生枪战,最后驾着被打坏车胎的汽车,狼狈不堪地回到汪伪特工总部。

茅丽瑛中弹后,立即被"职妇"姐妹们就近送往仁济医院(现上海市第三人民医院)抢救,经检查,茅丽瑛腹部、膝盖、腿部各中一弹,伤势十分严重。中共早期组织虽然多方设法抢救,但在汪伪特工总部的严密监视下,院方屈服于压力,把茅丽瑛列为"政治病人",没有对她进行及时救治,致使其病情恶化。15日下午2时,茅丽瑛不幸逝世,年仅29岁。临终时,她对前来探望的姐妹们说:"我死而无悔……你们绝对不能因为我的死而有所怕,希望你们要继续地努力,加倍地努力!"②

六、不朽精神代代相传

茅丽瑛死后,上海党组织为了揭露敌人的阴谋,激发人们的爱国热情,决

---

① 职妇俱乐部编印:《茅丽瑛烈士纪念册》,1941年,第4页。
② 小珠:《遇狙的前后》,《上海妇女》,1939年第1期第1卷。

定为她举行隆重的公祭仪式。12月16、17两日，万国殡仪馆大门口高悬"精神不死"的匾额，大厅四周堆满了社会各界敬献的挽联和花圈、花篮，中共江苏省委和八路军、新四军驻沪办事处派代表参加仪式，何香凝①等爱国人士，地方协会负责人黄炎培②、王晓籁③等也特派专人来沪致祭。18日，《申报》报道公祭情况时说："前往致祭者达两千余人，仪式庄严肃穆，备极哀荣，其情绪之哀伤，为鲁迅先生逝世后所未有。"④这是上海人民继1936年鲁迅出殡大游行后又一次规模巨大的追悼会和公祭，是对烈士的悼念，也是对敌人的抗议示威，在当年上海全市引起了巨大的震动。上海《申报》《新闻报》《中美日报》和英文版《大美晚报》等各大报纸，也都在显要位置报道了茅丽瑛殉难的消息和她的生平业绩。

人民永远不会忘记茅丽瑛烈士为党和国家立下的功绩。1941年12月，茅丽瑛牺牲两周年，延安《解放日报》发表了《悼茅丽瑛女士》的文章。新中国成立后，1949年12月12日，上海各界人民隆重举行茅丽瑛烈士殉难10周年悼念大会。时任上海市市长陈毅同志亲笔题词："丽瑛同志被难十周年纪念，为人民利益而牺牲是最光荣的，人民永远纪念她。"时任上海市委第二书记刘晓（"孤岛"时期任江苏省委书记）的挽词写道："今天的胜利是中国人民的胜利，也就是你的胜利！安息吧！我的老战友茅丽瑛同志，我们要以无限的勇敢与顽强的精神，为克服困难建设新中国而斗争来纪念你！茅丽瑛同志永垂不

---

① 何香凝，中国国民党左派的杰出代表、著名政治活动家、女权运动先驱，画坛杰出的美术家、民革主要创始人之一。中国民主革命先驱廖仲恺的夫人。新中国成立后，担任第二、三届全国人大常委会副委员长，第二、三届全国政协副主席。
② 黄炎培，中国教育家、社会活动家、景星学社社员。1905年参加同盟会。新中国成立后，任政务院副总理兼轻工业部部长等职。
③ 王晓籁，商界巨子，1931年"九一八"事变后，担任上海各界抗日会常委。新中国成立后，被周恩来总理指派为中国银行总行代表，列席国务院召开的各部会议。1958年，任上海市政协委员。
④ 中共党史人物研究会编：《中共党史人物传13》，陕西人民出版社，1984年，第225页。

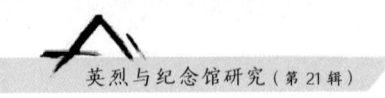

朽！"《解放日报》《新闻日报》也分别发表了纪念特刊。1962年，抗战时期在上海与茅丽瑛共同战斗过的剧作家于伶，以茅丽瑛的英勇事迹为原型，创作了舞台剧《七月流火》。1989年12月12日，在茅丽瑛牺牲50周年之日，上海市委党史资料征集委员会和黄浦区委，在上海和平饭店举办了近三百人参加的大型座谈会，并在南京东路烈士遇害处勒石纪念。1990年，茅丽瑛母校——上海第十二中学（原启秀女中）为烈士塑像。2014年9月1日，茅丽瑛烈士被列入中华人民共和国民政部公布的第一批300名著名抗日英烈和英雄群体名录。

茅丽瑛烈士遇害，距今已有80多年，经过千千万万中国共产党人、仁人志士前仆后继的浴血奋斗，今天的中国已彻底摆脱了被奴役、被压迫的境地，傲然屹立于世界民族之林。我们将永远铭记和传承烈士们留给我们的精神遗产，缅怀他们的历史功勋，为实现中国完全统一和中华民族伟大复兴而不懈努力！

作者单位：上海淞沪抗战纪念馆

参考文献

［1］吴纪椿、毛和利：《茅丽瑛》，上海文化出版社，1999年。

［2］中国中共党史人物研究会编：《中共党史人物传 第13卷》，中国人民大学出版社，2017年。

［3］上海市黄浦区志编纂委员会：《黄浦区志》，上海社会科学院出版社，1996年。

［4］职妇俱乐部编印：《茅丽瑛烈士纪念册》，1941年。

［5］上海市妇女联合会：《上海妇女运动史（1919—1949）》，上海人民出版社，1990年。

［6］上海市妇女联合会妇运史资料组：《上海女英烈》，1983年。

［7］浙江省民政厅：《碧血丹心　浙江烈士英名录　总卷》，浙江人民出版社，2014年。

［8］邹沛、刘真：《中国工人运动史话4》，中国工人运动出版社，1993年。

陨落的星辰：追记《新华日报》记者李密林

王文宾

摘要：抗日战争时期，中共中央长江局机关报《新华日报》记者李密林，积极宣传抗日救亡活动；在"新升隆"轮事件中，为救他人而牺牲，时年20岁。本文详述李密林烈士生平事迹，追忆其从一名文学少年成长为抗日救亡战线上的文化战士的心路历程。同时，搜集整理其所发表文章，并略作分析。

关键词：新华日报；记者；李密林；事迹

李密林（1918—1938），原名聘周，曾用笔名密林、剑盔、于体等。①抗日战争期间，他是位于汉口的《新华日报》馆的记者，以笔为枪，积极宣传抗日，揭露日寇暴行，报道、讴歌军民抗日事迹。周恩来称其为"极有希望"的青年。②1938年10月，日本侵略军向武汉进攻，八路军驻武汉办事处租用"新升隆"号轮船运送办事处和《新华日报》工作人员向重庆转移。23日，轮船驶至洪湖市燕窝镇渡口附近时遭日机轰炸，死伤百余人，其中《新华日报》馆不幸罹难16人，李密林就是其中之一，牺牲时年仅20岁。现叙其生平事迹，以示纪念。

---

① 莫洛：《陨落的星辰》，正风印刷公司，1949年，第40页。
② 中共中央文献研究室编：《周恩来邓颖超通信选集》，中央文献出版社，1998年，第8页。

一、进步少年

李密林在 1918 年出生于陕西宝鸡，初中在北平的中大附属中学读书。在校期间，他积极参与校刊的编辑、壁报的制版等工作。毕业后，李密林考入西什库第四中学（高中部），期间，与同学凑钱创办了一个名为《子夜》的半月刊，积极处理与印书局交涉、排版、校对、接洽书铺代售等事宜，后因经济及需备案登记等，只出版了两期而停刊。不久，他因积极参与"一二·九"等抗日救亡运动，被第四中学开除。1936 年年初，李密林在北平加入"中华民族解放先锋队"，并参加中国共产党，积极从事民族解放事业。1937 年 7 月，北平沦陷后，李密林先后辗转济南、南京、武汉等地，从事抗日救亡运动。在武汉期间，他组织训练武昌鹦鹉洲一带的工人群众，并参加汉口青年会工作团，从事种种抗敌宣传。1938 年春，李密林又加入"首都平津救亡宣传团"，随团在黄冈、大冶、信阳一带从事保卫大武汉等抗日救亡宣传工作。据友人回忆，"在三十余位朋友中间，他是最年轻、最努力、最热情的一个"。[①]直至 1938 年 6 月上旬，李密林进入汉口的《新华日报》馆，开始了他的记者生涯。

二、青年记者

初任报馆编辑的李密林，写得一手好字，不论钢笔还是毛笔，都很老辣有力且又美观。在工作中，他勤于学习，努力提高自己各方面的技能。如为了采访的需要，他自学照相、照片洗晒等技术，不久就可以在报纸上制版刊。李密林还主动请缨，承担批改通信稿和复信的工作。繁忙的工作之余，他每天坚持抽出时间来研读英文，临睡前或起床前必看林语堂的《开明英文文法》一书。为了提高英语对话水平，李密林会主动同外国记者对话，找会英语的人聊天，

[①] 首都平津学生救亡宣传团在渝团友：《悼李密林——一个青年战友》，《新华日报》，1938 年 12 月 5 日（第 5 版）。

不久就能很熟练地同外国人交谈。

刚到《新华日报》馆时，李密林任编辑工作，后因馆内外勤记者多调往战地工作，他便被调到采访部执行外勤工作。那时武汉本市的采访工作异常繁重，他发挥工作上的突击精神，胜利完成了所担负的全部任务。在敌机轰炸武汉的现场，留下了李密林奔波忙碌的身影。他曾怀着满腔的愤恨对人说："好好地写下来告诉给读者，向全世界控诉吧！不要忽略了我们的任务，要尽量暴露，一天一天的（地）写下记录，天天来，天天的记录！"①确实如此，同仁张悟真在画李密林同志遗像时，就回忆起当初听到革命人士陈柱天同志被炸惨死的消息后，一起与李密林同志去吊访其家属的情形。"我们在过江的时候，还带着怀疑的心境，但当我们到了柱天同志家里的时候，惨痛嚎（号）啕之声，血肉模糊的遗体，震惊了我们的耳鼓和眼帘，不由得不使我们相信柱天同志是遭了毒手，禁不住掉下悲痛和愤恨之泪。李密林同志，你是从下午一时直等到七时多才取得替死者临时拍的遗照，随后渡江回馆，当天夜深，你又赶着写特写：ّ谁知壮志未酬，却突然被残酷的敌人炸死……我们要替你复仇！要更勇猛地工作去！直到把日寇消灭！'"②后来，这篇连夜赶写的特稿发表在了《新华日报》上。③同仁子岗在回忆文章中也曾讲到李密林对待工作时的忘我状态："现在我只要一闭眼，就仿佛看见了你背着照相匣子，向前冲的神情，你的眼睛笑起来像流萤，有点放光，经常碰到你总说：又找到了什么好新闻吗？新闻，新闻，比什么都重要，时时放在心上。"④

与此同时，李密林还是一名爱好唱歌的青年。同仁子岗回忆道："到宋埠慰劳的那一夜，我们才发现你原来是一个优秀的歌手，你的喉音圆滚有力，车

---

① 子岗：《遥寄密林》，《新华日报》，1938年12月5日（第5版）。

② 张悟真：《吊本报死难同志》，载汉口新华日报馆编印：《新升隆轮保卫大武汉殉难同志纪念册》，1939年1月，第63—64页。

③ 李密林：《陈柱天先生之死》，《新华日报》，1938年7月14日（第3版）。

④ 子岗：《遥寄密林》，《新华日报》，1938年12月5日（第5版）。

中的同伴谁也比不上。我愿意再受无数次颠簸再在黑夜行车中听你无数次歌唱。大家听你最后的一支歌，恐怕就是在武汉记者聚餐席上的'长城谣'吧。"①李密林在工作中热情肯干的劲头，报馆内的同志都看在眼里，称赞有加。李密林曾说过："采访工作对个人生命或许是一个冒险，然而死在炮火之下，亦是奋斗到底！"②的确，李密林用实际行动践行了这一誓言。

三、报道概述

据笔者统计，李密林以密林、剑盔等为笔名先后在《新华日报》发表新闻稿件38篇，其中新闻特写29篇，新闻通讯2篇，专访1篇，文章6篇。内容涉及保卫大武汉、救亡团体活动、抗日烈士事迹报道、访问记等，如在宣传保卫大武汉方面，先后发表了《保卫武汉要动员难民》《一致动员保卫大武汉，武汉三镇民众昨夜火炬大游行，千万张嘴怒吼着，起来跟鬼子们拼》《一致动员保卫大武汉——沸腾了的硚口》《保卫大武汉中，记者节盛大纪念》《小学教师保卫大武汉》《保卫武汉中的军民联欢大会》等新闻报道；在民主救亡团体活动方面，先后报道了青年救国团、蚁社、东总宣传队、业余歌咏团、新运总会妇委会、武汉卫戍总部劳动妇女服务团、青年记者学会、军委会政治部第九队、新安旅行团、印度来华救护队、朝鲜义勇队等10多个团体的抗日宣传活动。在宣传抗日烈士事迹方面，先后采写了《陈柱天先生之死》《悲愤热烈追悼林城厚先生！》等文章；在所写的访谈文章中，先后访问了妇指委会干训班、新运总会妇委会女工识字班、武汉卫戍总部劳动妇女服务团等团体，及沈钧儒、陶行知等民主人士，采写了《坚定　活泼　勇敢——保卫大武汉的干部——妇指委会干训班访问记》《劳动妇女在抗战前哨——新运总会妇委会女工识字班访问记》《十九集团军战场剧社——武汉卫戍总部劳动妇女服务团访

---

① 子岗：《遥寄密林》，《新华日报》，1938年12月5日（第5版）。
② 首都平津学生救亡宣传团在渝团友：《悼李密林——一个青年战友》，《新华日报》，1938年12月5日（第5版）。

问记》《组织救护队等巩固前线——沈钧儒先生畅谈瑞阳线情况》《陶行知先生昨归国抵汉，谈各国援华运动，作曲者任光同船来汉》等文章，宣传他们的抗宣活动及抗日主张。

  本职工作之余，李密林还创作发表了多篇宣传抗战的文章，如在《新华日报》上发表的就有 6 篇。计有《加紧肃清托匪》《儿童在保卫大武汉的岗位上》《鲁西北某区英勇的战斗》《劳军之夜》《在新洲》《武汉东方的门户——石灰窑》。其中《在新洲》一文记叙了湖北新洲农村开展抗战宣传的活动；《武汉东方的门户——石灰窑》记叙了石灰窑的革命历史及最近的抗战宣传活动。另有《保卫中的武汉》一文发表在《时事类编》特刊 1938 年第 24 期上。李密林烈士牺牲后，《抗战文艺》在 1938 年第 2 卷第 10 期还刊发了其遗作《完成第一次的战斗》，此文后来收录于《新华日报》馆于 1939 年 1 月编印的《新升隆轮保卫大武汉殉难同志纪念册》中。此外，作为一名文艺青年，李密林也曾发表过诗歌、小说及杂文。如杂文《鲁迅先生的另一种精神》、小说《运货的人》、诗歌《南风，你吹吧！》等。

  作为一名只有 20 岁的青年，在不到半年（实际上只有 4 个月）的记者生涯中，采写、发表几十余篇新闻稿等文章，这对于一位初次担任记者的"新手"来说，不可谓不高产。究其原因，李密林在初、高中求学阶段的编刊、办报经历，为其打下了良好基础，同时，也离不开其自身日常的勤勉好学和对工作的执着和敬业。正如同仁徐盈所说"孜孜不倦的学习，是密林的最大长处"。[1]报馆的同事陆诒在其悼念文章中也讲道："李密林同志是我们青年记者群中，最年轻的一位。他的工作精神，学习精神，都可以作为我们青年记者的模范。"[2]

---

[1] 徐盈：《忆密林》，《抗战文艺》，第 2 卷第 11、12 期合刊，1938 年 11 月 26 日，第 170—171 页。

[2] 陆诒：《痛悼密林美年等同志殉职》，《新华日报》，1938 年 12 月 5 日（第 4 版）。

四、血染燕子窝

撤离武汉前夕,当撤离船只"新升隆"轮尚未开动的时候,李密林考虑到报馆编辑部暂时无人的现状,特地下船步行到报馆继续工作,一直坚守到了最后一刻。1938年10月23日,"新升隆"号在湖北洪湖燕子窝江段突遭日机轰炸起火,李密林临危不乱,悲愤沉痛之余,勇敢站在船舱面上,大声呼喊:"同胞们,快跳水!",并想尽一切办法救火、救人。当时,日寇的飞机还在空中盘旋,不停地扫射无辜人群,他不顾自身安危,勇敢扑向一位怀抱婴儿的妇女,为她们挡下了罪恶的子弹,自己却不幸牺牲。

1938年12月5日,《新华日报》馆在重庆演武厅社交会堂举行"新升隆"轮保卫大武汉殉难烈士追悼会,各界爱国团体、人士以及中外记者,共计四五千人参加了此次大会,国共两党、文化救亡团体、各界名流、报业同仁等送来了挽联、哀辞和花圈,其中中国共产党中央委员会送"气壮山河"挽联,毛泽东题写"为国牺牲"挽联;邓颖超题诗《敬悼新升隆轮二十五死难烈士》。有关悼慰李密林烈士的挽联也有多幅,如首都平津学生救亡宣传团在渝团友送挽联:"奔走经年 为唤醒民众深入农村 曾艰辛奋斗共同努力,呼号三月 要动员同胞坚守武汉 却英勇牺牲竟成烈士。"好友、同仁余玉其送挽联:"聘周:你在伟大的民族先锋战争被牺牲于敌机淫威下了,我们除了哀悼与愤慨之外,更要以血肉的斗争来纪念你,继续你未完成的事业。"[1]

李密林烈士牺牲后,家中遗有父母兄妹等亲属四五人。《新华日报》馆针对"新升隆"轮遇难烈士家属,发起成立《新华日报》同人互济会,通过在社会上积极扩大募捐、报馆同仁薪资按比例抽成、推销纪念册等方式筹集善款,用于资助殉难同志家属。在那个家国破碎的年月,互济会的成立在一定程度上

---

[1] 新华日报馆编印:《新升隆轮保卫大武汉殉难同志纪念册》,汉口新华日报馆,1939年1月版,第263页。

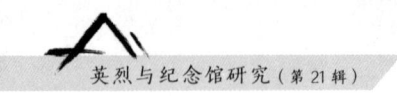

解决了遇难家属的一些实际困难，同时，这也是对死难烈士英灵的告慰和实际的纪念。

斯人已逝，烈士忠魂照千秋。像李密林烈士这样的文化工作者，在抗战的艰苦岁月里，以自己的文字和行动，号召人民参加卫国抗日战争，在对日斗争中光荣的战死，献出了自己的生命。对于这些"陨落的星辰"，我们应该永远纪念，使他们在中国抗战文化史上，绽放出文化战士不朽的光芒！

（本文系武汉市社科联课题资助项目"新升隆轮保卫大武汉遇难烈士诸问题探究"〈WHSKL2021150〉阶段性研究成果）

作者单位：武汉博物馆

参考文献

[1] 新华日报社编：《新华日报(1938—1947年)》，上海书店印行，上海市印刷七厂印刷，1987年。

[2] 新华日报索引编辑组编：《1938年新华日报索引(1938年1月11日—12月31日)》，北京图书馆，1963年。

[3] 新华日报馆编：《新升隆轮保卫大武汉殉难同志纪念册》，新华日报馆，1939年。

[4] 中共中央文献研究室编：《周恩来邓颖超通信选集》，中央文献出版社，1998年。

[5] 李密林：《完成第一次的战斗》，《抗战文艺》，1938年第2卷第10期。

密林：《保卫中的武汉》，《时事类编特刊》，1938年第24期。

[6] 莫洛：《陨落的星辰》，正风印刷公司，1949年。

[7] 徐盈：《忆密林》，《抗战文艺》，1938年第2卷第11、12期合刊。

独胆英雄卜凤刚

程东

摘要：卜凤刚是中国人民解放军海军的一名优秀共产党员和模范干部。在东北解放战争时期，他一个人迫使124人缴械投降，创造了中外战争史上的奇迹。中华人民共和国成立后，他始终保持共产党员的政治本色，不忘初心，一直在艰苦的环境中忘我地工作，为发展人民海军的现代化装备做出了突出贡献。

关键词：独胆英雄；高风亮节；楷模

一、改名参军穿戎装

卜凤刚原名卜凤殿，蒙古族，1930年9月出生，辽宁省岫岩县大汤沟乡古石村人。他10岁开始给地主放猪、放牛。1946年，人民解放军解放了卜凤刚的家乡，年仅16岁的卜凤刚参加县大队，成为一名公安局战士。没过多久，解放军开拔，卜凤刚的家乡遭到还乡团的洗劫。严酷的事实使他明白，不打倒国民党，幸福的生活就保不住。于是，他萌发了参加野战部队的强烈愿望。他一次又一次地找县大队领导要求参军，但因年龄太小，个头又矮，没被批准。

1947年，东北民主联军路过他的家乡。卜凤刚既高兴又担心，高兴的是有了参军的机会，担心的是怕错过这次机会。他左思右想，终于想出了一条改名参军的妙计。原来那时他哥哥叫卜凤刚，而他叫卜凤殿。报名时，他把自己的名字改成了卜凤刚，年龄也改成了哥哥的年龄，再加上他那股坚决劲，终于

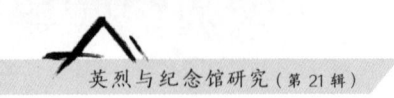

如愿以偿成为一名解放军战士。从此以后，卜凤殿就以哥哥卜凤刚的名字出现在人民解放军的行列里，开始了他南征北战的生涯。

二、独胆英雄创奇迹

1948年东北人民解放军进行的夏秋冬三大攻势结束后，东北形势发生了根本变化。为贯彻执行中共中央、中央军委的指示，东北人民解放军进行了为期5个月的新式整军运动和军事大练兵，一大批符合共产党员条件的优秀分子被吸收入党，卜凤刚就是其中的一员。

1948年9月，东北野战军南下北宁线，发起辽沈战役，完成了对锦州国民党军的包围。蒋介石意识到东北国民党军撤向关内的大门有被封闭的危险，深感形势严重，急忙调兵遣将，组成东进兵团和西进兵团，企图东西对进，夹击东北野战军主力于锦州城下。东北野战军第4纵队、第11纵队等部为保证主力攻克锦州，在塔山一线展开阻击。辽沈战役能不能胜利，关键在锦州，锦州能不能攻克，关键在塔山。塔山阻击战是辽沈战役中规模最大、时间最长、最为残酷的一场阵地防御战。

10月10日，塔山阻击战打响。国民党军在7架飞机、两艘军舰舰炮和数十门重炮的掩护下，以整师整团的兵力，轮番向塔山阵地实施猛烈进攻。卜凤刚是第4纵队第34团1营1连1班的副班长，他所在的班负责守卫塔山堡东侧五号阵地。这一天，他们接连打退了国民党军的6次冲锋。11日，国民党军以4个师的兵力，在其海、空军配合下，采取中央突破的方式，全力向前沿核心阵地塔山堡猛烈攻击。隆隆的炮声响了两个小时，塔山堡像地震似的颤动着，房屋变成一片废墟，碗口粗的柳树被炸成几截，炮弹在硝烟浓雾中翻卷着土块，哗哗地落在战士们的身上。卜凤刚所在班的12个人只剩下5个，而且全部负了伤，班长也牺牲了。在这紧要关头，作为幸存下来5个人中唯一的共产党员，卜凤刚毅然带领战友们展开了顽强的反击。在反击部队的协助下，打退了国民党军一次又一次的进攻。10月14日，东北野战军向锦州发起总攻，国民党军再次向塔山阵地连续猛攻。战至最后，1班的战士只剩下卜凤刚一个人。

15日上午，国民党军又组成一支"敢死队"，经多次反扑受挫后陷入进退两难的境地。这时，东北野战军第34团副营长组织战士喊话，展开政治攻势，却被国民党军用机枪扫射。卜凤刚见此情景，将8颗手榴弹后盖全部拧开，掖在腰间，跳出战壕，迎着密集的弹雨，向前冲去。不一会，他冲到一土坎下，大声喊道："缴枪吧！不要替蒋介石卖命了！"①一个士兵扔下武器，向他这边跑来，却被后边的国民党士兵打死了。卜凤刚看到国民党军仍然顽固不化，便勇敢地跃上土坎，冲入人群，举起手榴弹，高喊："缴枪不杀，不缴枪我这铁馒头就开花啦！"②国民党军被卜凤刚突如其来的举动吓呆了，一个个放下了枪，举手投降。就这样，卜凤刚一个人迫使124人缴械投降，创造了中外战争史上的奇迹。战后，卜凤刚荣立了特等功，获毛泽东奖章一枚，并被授予"独胆英雄"的光荣称号。

此后，卜凤刚随军南下，先后参加了平津战役、衡宝战役等大小战斗30余次，荣立"艰苦大功"一次，小功多次，为中国的解放贡献了自己的力量。卜凤刚的英雄事迹曾被载入《红旗飘飘》第18期，苏联著名作家西蒙诺夫在《战斗着的中国》一书中也做了专章记述。②2022年8月16日，习近平总书记到辽沈战役纪念馆考察，当辽沈战役纪念馆馆长刘晓光介绍卜凤刚的事迹时，总书记看得仔细、听得入神。卜凤刚的事迹令总书记动容。

三、高风亮节成楷模

卜凤刚在战争年代出生入死，功，不可谓小；新中国成立后，曾身担军工厂总军代表，权，不可谓无。但他始终坚持不为自己谋一丝一毫的私利，并给

---

① 鲍建中、王胜玉、张洪儒主编：《黎明前的斗争》，辽宁大学出版社，1991年。
② 鲍建中、王胜玉、张洪儒主编：《黎明前的斗争》，辽宁大学出版社，1991年。

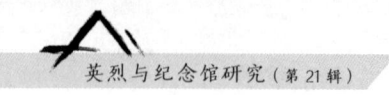

自己定下了五不得：法纪违不得、政策偏不得、作风歪不得、便宜占不得、群众离不得。卜凤刚就是这样始终以党员的标准严格要求自己，以一个共产党员的坚强党性，为我们树立了楷模。

1. 一心为党，呕心沥血

新中国成立后，组织先后送卜凤刚去五所军事学校补习文化知识，学习专业技术。卜凤刚幼年时只读过 8 个月的私塾，因而，他非常珍惜学习的机会，几乎整个 20 世纪 50 年代都是在部队院校度过的，攻占了一个又一个文化阵地。

1955 年夏天，卜凤刚所在的陆军文化学校接到上级指示，要为人民海军挑选一批骨干。学校几次动员，报名的人还是不多。因为海军装备太复杂，大家担心文化底子薄，干不了。卜凤刚却毅然报了名。他说："我们是共产党员，要迎着困难上。为了把海军建设好，就是拼上命，我也心甘情愿！" 1961 年 5 月，卜凤刚在海军指挥学校火炮系毕业，随后即被派往内蒙古、黑龙江的工厂，代表海军负责监造武器。1963 年 3 月，卜凤刚主动申请到最艰苦的地方开辟军工生产点。建立新的军工生产点是一项开拓性的工作，一切都要从头开始。海军用的武器构造特别复杂，一门炮有几千种部件、上万个零件，而且精度要求都很高，水准都要求先进、独创，要接近、赶上或超过一些国家的同类武器水平，否则就失去了意义。而中国过去海军装备落后，要达到这个要求十分艰难。为此，卜凤刚在车间和同志们一起摸爬滚打，不知吃了多少苦，受了多少累。经过 5 年零 3 个月难以想象的艰苦奋战，不仅建立起了军工生产线，而且创造出了一种新型海军军工产品，并顺利通过鉴定。

1968 年冬，卜凤刚再次申请去开辟新的生产点，接受试制一种舰船新型火炮产品的艰巨任务，并担任研制和监造领导小组组长。万事开头难，卜凤刚又拿出在塔山阻击战中的那种拼命精神，投入了新的战斗。1970 年冬，研制工作进入紧张的样炮总装阶段。工人 24 小时两班倒，卜凤刚却是连轴转。困了，倚在工具箱旁打个盹；饿了，啃几口干馒头；晕了，用冷毛巾擦擦额头再干。经过几年的不懈努力，新型火炮终于研制成功。

卜凤刚先后变换过十多次工作单位，不管走到哪里，他从不谈及自己的荣誉、功劳，同事们都不知道他就是当年的独胆英雄。后来，卜凤刚的妻子在一个落满灰尘的纸箱里找到两枚奖章和一本名为《战斗着的中国》的书。书的扉页上写着："赠给卜凤刚同志"。卜凤刚却说："我是一个幸存者，是先烈们的流血牺牲保护了我，使我能够活下来了，和先烈们对革命的贡献比较起来，没有什么了不起的，没有什么值得骄傲的。"[1]

卜凤刚在20多年时间里，以开拓者的姿态，从内蒙古大草原到黑龙江北大荒，哪里最艰苦、哪里最需要就到哪里去。他先后在四个工厂参加筹建了军代表室，组织了两型火炮的研制及生产线的建设工作，攻克多项技术难关，为海军装备的发展做出了突出贡献。

2. 一心为民，清正廉洁

卜凤刚于1946年入伍，1953年军衔才是个排职，1961年到某工厂任军代表时也只是中尉副连职。而和卜凤刚同期参军的战友，即使没有他那么大功劳，大多数也已是相当职位的负责干部。大家都认为卜凤刚的级别定得低。而卜凤刚认为："要论对革命的功劳，死去的烈士比我大得多，可是，他们没能看到革命成功，没能享受到胜利的果实，甚至他们的亲人至今还都没有找到。我，一个幸存者，如今又有什么理由去计较职务、待遇呢？"[2]每次涨工资，他都是往后蹭，把别人往前推。卜凤刚的妻子随军后，十来年没有工作，全家五口人都靠他一人工资维持生活，还得给父母寄钱。有些同志看他生活实在困难，劝他托人给妻子安排个工作，他硬是不肯。尽管生活俭朴，卜凤刚还是经常给生活上有困难的战友和同志以经济上的援助。

---

[1] 中国人民解放军海军政治部编：《卜凤刚——一个幸存者的追求》，民族出版社，1984年，第86页。

[2] 中国人民解放军海军政治部编：《卜凤刚——一个幸存者的追求》，民族出版社，1984年，第51页。

1963年11月，卜凤刚的妻子随军来到北疆边城，一开始，厂里要给他腾房子，卜凤刚不让，一家人挤在独身宿舍居住。1964年厂里分房，他却要了只有13平方米的阴面房子，冬天哈气，夏天泛潮。1974年组织上分配给卜凤刚一套三间平房，卜凤刚硬是让给了另一位军代表。当他被提为海军驻厂的总代表后，他再一次把一套距离工厂很近、条件很好的楼房套间让给了别人。

卜凤刚一次又一次地让房，博得了群众的赞扬。这时，卜凤刚想得更多了。让房，只能解决一家一户的困难，不能从根本上解决问题。很多军代表至今全家还住在一间小房子里，不解决这些人的实际困难，就无法让他们集中精力研制、监造火炮。卜凤刚感到，落实党的方针、政策，不能停留在口头上，要一个一个落实。于是，他积极向上级机关反映情况，提出建房要求，并得到批准。房子盖好后，在分房会议上，大家一致同意将最好的一套房分给他。卜凤刚坚决不同意，而是要了一套一楼较差的房子。卜凤刚就是这样一让再让，在利益面前，从不考虑自己，而是尽自己的一切力量，把温暖送到群众的心窝。

3. 一心为国，鞠躬尽瘁

1982年，卜凤刚确诊为恶性胸膜间皮瘤，在北京海军总医院做了开胸大手术，身体极度虚弱。此时正逢党的十二大召开，不能看报，卜凤刚就请别人读给他听。他让正在陪床的副总代表马上回去组织大家把十二大报告学习好，叮嘱工会主席，代他向厂党委建议，一定要重视抓紧职工的政治思想工作。每每有出差来北京的同志看望他，卜凤刚都要详细地询问生产、攻关的情况。他在日记中这样写道："人生的意义就在于贡献，……作为一个人，无论在任何地方，都是可以创造价值的。"①

海军政委李耀文到医院看望卜凤刚时，对他始终保持英雄本色，时刻想着

---

① 中国人民解放军海军政治部编：《卜凤刚——一个幸存者的追求》，民族出版社，1984年，第13页。

为党、为人民多做贡献的精神，给予高度赞扬，并提出有什么困难、要求，可以随时提出来。可是卜凤刚什么要求也没提。偶然间，卜凤刚想到：既然注射四环素可以治疗胸部积液，能不能用同样的办法治疗腹部积液呢？就是不成功也能为别人积累一些经验。他把自己的想法告诉了医生，让医生在自己身上做实验。这种舍己为人的精神，给大家留下了终生难忘的印象。

卜凤刚即使到了生命垂危之际，想的仍然是工作，关心的仍然是党的事业。他怀着一个共产党员对党和人民的赤子之心留下遗言：嘱咐机关干部，死后丧事从简，不开追悼会；嘱咐妻子，要领着孩子好好过日子，不要给组织添麻烦；嘱咐医务人员，把遗体做病理解剖，以便尽早弄清病情，好让更多的患者避免不幸。

1983年10月6日，卜凤刚因病去世，终年53岁。卜凤刚去世后，受到党和国家的高度重视，全国各主要报刊均以整版篇幅介绍了他的事迹，国家副主席乌兰夫为《解放军报》撰文，称优秀共产党员卜凤刚是我们学习的楷模。2022年8月16日，习近平总书记到辽沈战役纪念馆考察时强调："要讲好党的故事、革命的故事、英雄的故事，把红色基因传承下去、确保红色江山后继有人、代代相传。"

卜凤刚把自己的一生无私地献给了党、献给了人民、献给了革命事业，他不愧是一名真正的共产党员。他这种"功成不必在我、功成必定有我"的精神，更应该被传承和发扬。英雄虽已走远，但卜凤刚的事迹必将凝聚起万众一心奋斗新时代的强大力量。

作者单位：辽沈战役纪念馆

参考文献

[1] 鲍建中、王胜玉、张洪儒主编：《黎明前的斗争》，辽宁大学出版社，

1991年。

［2］中国人民解放军海军政治部编：《卜凤刚——一个幸存者的追求》，民族出版社，1984年。

［3］《"我们对东北振兴充满信心"——习近平总书记考察辽宁纪实》，《新华社》，2022年8月19日，https：//www. gov. cn/xinwen/2022-08/19/content_5706107. htm。

社会教育

南京红色资源的党性教育价值实现路径探索

刘璐　房亚萍

摘要：红色基因是共产党人的精神内核，红色资源是传承红色基因的重要载体，是共产党人必须传承的物质财富和精神财富，也是当前深化党员干部党性教育的活水之源。本篇分析了南京红色资源的独特优势，提出实现南京红色资源党性教育价值的基本路径，即通过打造教育基地、编写特色教材、创新教学方法、研发多维课程、建设师资智库、加强史料研究等方式激发南京红色资源党性教育价值实现的潜能。

关键词：南京；红色资源；党性教育

"参天之木，必有其根；怀山之水，必有其源"，红色资源是中国共产党的宝贵财富，是中国文化自信的重要组成部分，也是推动中华民族伟大复兴的内生动力。红色资源是党性教育的重要来源，依托红色资源开展党性教育有助于创新教学方法，提升教学质效，不断坚定党员干部的理想信念、增强党员干部的党性修养。

一、红色资源的内涵

习近平总书记在中共中央政治局就用好红色资源、赓续红色血脉举行第三十一次集体学习中指出："红色资源是我们党艰辛而辉煌奋斗历程的见证，是最宝贵的精神财富。""要用心用情用力保护好、管理好、运用好红色资源。"①中国共产党的百年历史征程，正是其领导中国人民不断创造、丰富红色资源的过程。

红色资源从广义上来说是指"中国共产党领导下，在新民主主义革命时期、社会主义革命和建设时期、改革开放和社会主义现代化建设新时期、中国特色社会主义新时代所形成的具有历史价值、教育意义、纪念意义的物质资源和精神资源，包括重要旧址、遗址、纪念设施或者场所等；重要档案、文献、手稿、声像资料和实物等；具有代表性的其他资源"。②红色资源从形式上分为两类：一类是物质形态，另一类是无形的、抽象的精神形态。物质形态的红色资源是指承载着革命事件和人物活动，看得见摸得着的历史遗址和遗迹，如革命旧址、革命纪念馆、纪念碑塔、名人旧居等有形的东西；精神形态的红色资源主要是指构建起中国共产党人精神谱系的各种精神，如西柏坡精神、焦裕禄精神、"两弹一星"精神等。从时间上来看，红色资源上从"五四运动"以来的新民主主义革命时期，一直延续至中国特色社会主义新时代，横跨中国共产党发展的不同阶段。从狭义上来说红色资源是指："中国共产党领导中国人民在革命战争年代进行的革命活动及其结果，这种活动及结果表现为人们可以开发利用的物质形态、信息形态、精神形态的历史遗存。"③南京的红色资源主要集中在新民主主义革命时期，故本篇中所指的南京红色资源为狭义上的红色资源，即从1921年至1949年，中国共产党在南京地区领导人民革命斗争实践中，将马克思主义基本原理和中国具体实际相结合形成的物质形态和非物质形态的先进文化资源。

---

① 《习近平主持中共中央政治局第三十一次集体学习并发表重要讲话》，《新华社》，2021年6月26日，https://www.gov.cn/xinwen/2021-06/26/content_5621014.htm。
② 上海市人民代表大会常务委员会：《上海市红色资源传承弘扬和保护利用条例》，《解放日报》，2021年5月31日。
③ 张泰城：《论红色文化资源》，《红色文化资源研究》，2015年第1期。

二、南京红色资源的独特优势

南京在中国近代的革命史上有着浓墨重彩的一笔,从第一次大革命到土地革命,再到抗日战争、解放战争,中国共产党人在这片土地上进行了艰苦卓绝的斗争,付出了重大牺牲。南京是新民主主义革命取得"天翻地覆"胜利的标志地,是"雨花英烈的革命精神"的形成地,是开展爱国民主统一战线的重要阵地。①南京红色资源主要具有以下独特优势:

1. 红色资源涵盖时间完整

南京的红色资源覆盖时间长,涵盖了1921年中国共产党成立至1949年中华人民共和国成立。其数量共计165处,约占全省的10%,位居各市前列,为南京的党性教育提供了生动教材和独特优势。从发生年代来看,各个时期的红色资源均有分布,其中时间跨度最长、革命斗争尤为激烈的全民族抗日战争期间的资源数量,占绝对主导,约占南京市资源点数量的59%;解放战争时期约占全市资源点数量的22%,第一次大革命时期占全市资源点数量的10%,土地革命战争时期约占全市资源点数量的9%。在中国革命的各个时期,都能看到共产党人在南京这片土地上革命斗争的身影。

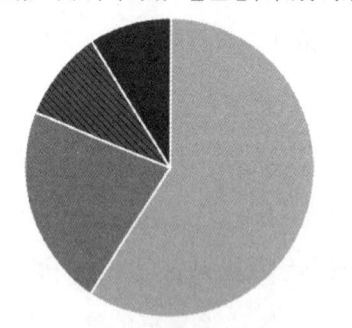

南京红色资源覆盖时间占比图

2. 红色资源遗存类型丰富

南京的红色资源类型较为丰富,既有物质形态也有非物质形态。物质形态的红色资源涵盖了重要机构及会议旧址类、重要事件及战斗遗址类、重要烈士事件或墓地类、重要领导人物故居旧居类、新中国成立后新建的各类纪念设施

---

① 童本勤、张峰、孙静:《传承与彰显——南京红色文化资源空间保护利用》,东南大学出版社,2021年,第32—36页。

五大类。其中重要机构及会议旧址类资源数量最多，占总数的33%，如新四军第一支队指挥部旧址、西舍——溧高县抗日民主政府旧址群；重要事件及战斗遗址类占资源总数的31%，如和记洋行旧址——中共领导下的工人斗争地、金陵兵工厂旧址——中共南京地方组织革命斗争地等；重要烈士事件或墓地类资源在全市均有分布，占总数的18%，如国民党中央军人监狱旧址——恽代英烈士殉难处、邓仲铭殉难处、游子山烈士陵园等；重要领导人物故居、旧居类数量较少，约占总数的5%，如粟裕、钟期光居住地遗址、姜铨旧宅——陈毅暂住地旧址等；新中国成立后新建的各类纪念设施约占总数的13%，如王荷波纪念馆、梅园新村纪念馆等。

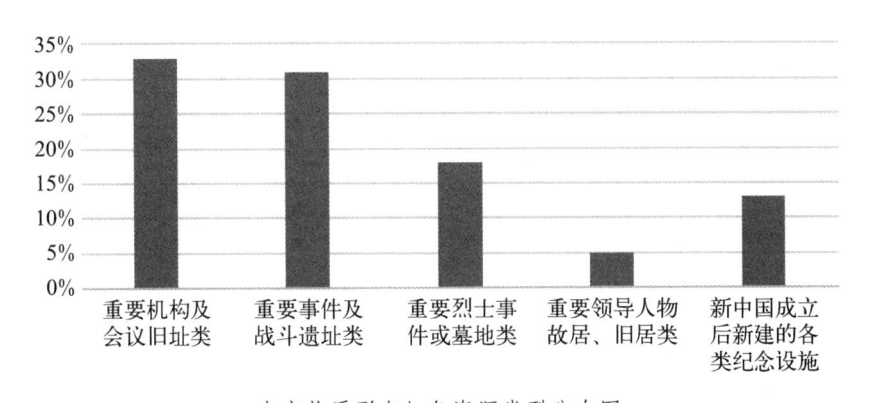

南京物质形态红色资源类型分布图

南京的非物质红色资源是支撑本地红色资源的精神内核，其主要包括雨花英烈的革命精神、渡江胜利暨南京解放的革命精神等。这些无形的红色资源是涵养共产党人初心和使命的宝贵财富，亦是引领人民奋发前进的"精神符号"。大量的物质红色资源和厚重的非物质红色资源共同丰富了南京红色资源的类型，同样也反映了共产党人在南京斗争形式的多样性。

3. 红色资源地域特色鲜明

南京是新民主主义革命史和中国共产党领导团结全国各族人民救亡图存，争取民族独立、人民解放的光辉见证地。由于南京是国民政府和汪伪政府的统治中心，敌人对共产党人的革命斗争始终进行着最残暴的镇压，特别是"四一二"反革命政变以后愈演愈烈,因此地下和隐蔽战线的斗争成为南京革命斗争的重要组织形式。在南京老城区,大部分学校、工厂以及居住区都是中国共产党开展地下斗争的重要场所,他们在学生和工人间传播共产主义信仰,秘密建立各级党团组织,发展党员团员,组织学生、工人开展各类爱国运动和革命斗争。被捕后他们以铮铮铁骨忍受着敌人的种种酷刑,无惧死亡的威胁,却从未透露党的任何秘密。即便在"白色恐怖"最严重的年代,他们凭借着坚定的信仰,无所畏惧地在敌人的心脏地区,传播着革命的火种。这些情报工作者远离家人朋友,在最凶险的一线,获取、传递至关重要的信息,甚至有些人到现在也无法确认姓名。隐蔽战线和地下斗争类的红色资源是南京区别于其他地域的最重要特点,体现了南京革命斗争的艰巨性、红色文化的独特性。

4. 红色资源分布广泛

南京红色资源在分布状态上呈现出全域分布、外围多城内少、相对集聚的空间特征。玄武区、秦淮区、鼓楼区、建邺区、栖霞区、雨花台区六个主城范围内的红色资源约占总数的32%,主城以外的红色资源数量相对较多,约占总数的68%。目前在全市形成了"三区、两线、十三片"的红色资源保护利用空间格局。其中,"三区"指市域北部的竹镇—金牛湖、中部的主城和南部的横山—淳溪三个红色文化集聚区,"两线"为东、西两条区域联络线,"十三片"为雨花英烈片、长江路迎接解放片、两浦铁路工人革命斗争片等十三个主题片。[①]中国共产党人用双脚丈量着南京城的每一寸土地,他们的足迹遍布南京城的每个角落,为身处黑暗中的人民群众撑起一片天。如今这些散落在南京城的红色资源,正是他们为人民谋幸福、为民族谋复兴最好的见证。

三、南京红色资源的党性教育价值实现路径

本节重点从党校和干部学院的角度出发,围绕打造教育基地、编写特色教

[①] 童本勤、张峰、孙静:《传承与彰显——南京红色文化资源空间保护利用》,东南大学出版社,2021年,第118页。

材、创新教学方法、研发多维课程、建设师资智库、加强史料研究等方面探索南京红色资源党性教育价值的实现路径。

1. 打造教育基地　形塑红色品牌

联合革命旧址、纪念馆、烈士陵园等地打造党性教育教学基地，是把红色资源转化为党性教育内容的重要方式之一，也是对党性教育课堂在空间上的延展。通过党性教育基地的建设，形塑红色品牌，彰显红色价值。打造党性教育基地时要注重发挥各基地的特色，设计贴合基地的教育主题和教学方案。在党性教育基地开展教学时，应当具有明确的教学目的、授课内容和教学安排以及完备的教学材料，并且在相对稳定的教学场所由专业的授课教师进行讲授，同时该场所还应该具备基本的多媒体教学硬件设施，如电脑、投影仪、话筒音响等，从而形成一套流畅的教学模式，保障教学效果。例如，在雨花台烈士陵园党性教育现场教学基地，围绕"崇高理想信念、高尚道德情操、为民牺牲的大无畏精神"为主题，采用户外参观与室内讲解相配合，现场教学与课堂教学相结合的教学模式开展教学，让学员站立在被烈士鲜血浸染的土地上，品读他们走向刑场时的豪言壮语，了解他们无畏牺牲的革命事迹，感悟他们心中对党和人民的大爱。党性教育基地可以充分发挥现场教学的互动性以及理论教学的思辨性的优势，并实现两者的融合共生。现场观摩、交流互动、总结提炼等环节实现环环相扣，让教学内容真正入脑入心，让学员在事件发生地了解真实的故事，在故事中感悟信仰的力量，从而在情与理的交织下内化学习的内容，提升学员的体验感、参与感、互动感。

2. 编写特色教材　赓续红色血脉

实现红色资源的党性教育价值必须构建高质量的党性教育教材体系。党性教育，首先要选用红色经典文献、党性教育通用书目、习近平新时代中国特色社会主义思想相关理论书籍等作为教材。同时更要充分利用本地红色资源，积极开发具有地方特色的自编教材，逐步形成类别齐全、特色鲜明、较有影响力的本土化党性教育教材体系。本土化的特色教材的内容是丰富多样的，包括口

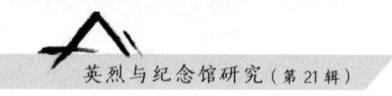

述史、回忆录等，如《雨花英烈狱中斗争》《初心永恒：雨花英烈话语解读》《雨花英烈近亲属口述史》，教材的形式可以是多样的，既可以是论文、专著、诗词等，也可以通过红色情景剧、音乐等艺术形式呈现，如话剧《苍茫大地》、杂技剧《渡江侦察记》、京剧《梅园往事》，等等。

3. 创新教学方法　激发红色潜能

遵循教学规律，结合学员的学习特点和需求，在发挥本地红色资源的独特优势基础上，不断创新党性教育的方式方法。一是辩论式研讨教学，设置辩题，在学员中展开辩论研讨教学，引发学员深度思考，后由教师进行分析总结。如根据雨花英烈许包野的革命事迹设计出"如果你是许包野，留洋归来，你愿意继续革命吗？"二是情景式教学，以"创设情景—角色扮演—总结点评—知识重构"等教学流程将教学内容落到实处；情景模拟再现革命的艰辛历程，学员通过扮演角色沉浸式参与，以提高学员对历史事件的感悟力。如在溧水红色李巷让学员穿上新四军军服重走新四军行军路，吃忆苦思甜饭，访新四军后代等。三是咨询式案例教学，提供典型案例，开展结构化研讨，邀请红色史料专家参与剖析原因，现场答疑解惑，总结升华理论。通过辩论式、情景式、咨询式等多样化的教学方式，最大程度地发挥各种教学方法的功效，集合视觉、听觉、感觉等多种信息传递方式，使学员在看、听、思、悟、行的过程中，把静止的、平面的内容转化为立体鲜活的现实体验，将红色资源活化于党性教育的课堂之中。

4. 研发多维课程　弘扬红色文化

将南京市红色资源形成更大范围的区域联动，合力进行多维课程开发。一是理论课程融合互动参与，通过开设学员论坛、实境大讲堂、情景式党课等，激活课堂氛围。二是现场教学课程注重情景交融，推出"沉浸式"讲解，教师引领串联全程，通过动情的现场讲述，使学员身临其境感悟信仰的力量。三是特色课程强化情感升华，通过现场说史、互动交流，激发学员共情，强化教学效果。如邀请雨花英烈近亲属到现场讲述红色故事；聘请信仰之歌系列歌曲的创作者到课堂中讲述红色歌曲创作的历程并进行红色歌曲的教唱；安排学员直接参与如《丁香花开》红色情景剧的演出等。四是线上线下课程相互补充，通过提前录制名师访谈课程、邀请名师线上直播等，线上线下课程相互融合，随时随地获取党性教育资源。

在多维课程开发过程中，还应当注重因材施教，面对不同的教学对象设计不同的课程。以需求为导向，优化选课模式，量身定制培训课程，精准施教。在把握党性教育基本规律的基础上精准设计课程，打造出一批适合不同年龄、不同级别、不同岗位、不同地域学员的党性教育课程，为学员定制个性化教学方案。

5. 建设师资智库　传承红色基因

教师是用好红色资源的灵魂工程师。学高为师，身正为范，教师队伍素质的高低直接影响教学效果，从而影响红色资源的利用效率。因此必须强化师资力量，建设一支适合培训需要、富有教学特色的名师队伍。通过建立科学的培养机制，有效激励、引导教师专心投入教科研工作。一是建立"能上能下"的专职教师绩效考核机制，考核教师的职业道德、工作业绩、学术成果等，对在红色资源利用方面表现优秀的教师，给予增加绩效工资、优先考虑职称评审等方面的奖励。二是建立"能进能出"的兼职教师准入机制和退出机制，整合全市优质红色师资资源，结合授课满意度、学员反馈等，优胜劣汰，有进有出，让兼职教师队伍流动常新和持续优化，保障教学效果。三是完善绩效激励机制，优化人才成长环境，每年划出一定额度的专项经费，为教师进行红色资源重点课题攻关、红色精品课程申报提供智力、财力、人力等方面的支持，鼓励教师出成果，让教师为红色资源成果转化注入不竭的动力源泉。

6. 加强史料研究　夯实红色根基

红色资源的价值和意义与史料研究的深度与广度有着密不可分的关系。通过对革命文物、遗址在党性教育价值层面的研究，其价值将进一步被呈现出来。因此必须加强史料研究，将红色资源转化成为党性教育的优质资源。在南京开展红色史料研究的档案馆、纪念馆、高校有很多,既有南京市党史办、南京市档案馆等专业的史料、档案研究部门,还有渡江胜利纪念馆、梅园新村纪念馆等红色纪念场馆以及南京大学、南京师范大学等高校,这些机构拥有专业的研究人员和丰硕的史料研究成果。如雨花台烈士陵园围绕雨花英烈史料挖掘和研究打造市级重点新型智库雨花台红色文化研究院;搭建雨花英烈卷宗资料数据库;开展"红星计划",广泛征集烈士遗留的珍贵文物史料;出版近百本雨花英烈学术研究书籍,史料研究成果详实丰富。但这些史料研究成果与党性教育课堂不同,因此要加快研究成果转化为党性教育内容的步伐,加强研究机构与党性教育机构、研究员与教师之间的合作,打通研究与教学之间的壁垒。同时,应由党校、干部学院等党性教育机构牵头面向社会发布史料研究与党性教育相关课题,吸引党政机关、科研机构、高校等更多领域人才加盟,共同探索史料研究成果转化的最优路径,不断夯实党性教育课堂的厚度。

作者单位:南京市雨花台烈士陵园管理局(雨花台干部学院)

参考文献

[1] 童本勤、张峰、孙静:《传承与彰显——南京红色文化资源空间保护利用》,东南大学出版社,2021年。

[2] 欧阳雪梅、檀斯琦:《中国共产党用好红色资源赓续红色血脉的历史考察》,《中国井冈山干部学院学报》,2021年第6期。

[3] 郭东敏:《用好红色资源 赓续红色血脉》,《中国社会科学报》,2022年8月4日。

[4] 陈燕霞:《红色资源在新时代党员干部教育培训中的作用——以广东省佛山市红色资源整合利用为例》,《山东行政学院学报》,2020年第5期。

[5] 陈奇:《发挥台江红色资源在党性教育中的作用》,《福州党校学报》,2020

年第 3 期。

[6] 石学峰:《红色资源融入党性教育的逻辑转化与具体路径》,《中共山西省委党校学报》,2022 年第 3 期。

[7] 郭璐:《加强红色资源在党性教育中的针对性有效性》,《中共伊犁州委党校学报》,2018 年第 2 期。

[8] 付琼、陈啸吟、刘文波:《依托皖北红色资源 筑牢党性教育高地》,《池州学院学报》,2018 年第 2 期。

[9] 台红:《红色资源转化为党性教育资源路径研究》,《中共成都市委党校学报》,2017 年第 1 期。

[10] 刘路:《红色资源在党性教育中的运用研究》,硕士学位论文,中共四川省委党校,2019 年。

实现"物、情、理"的"三个递进" 讲好"大思政课"实践教学课程
——以辽沈战役纪念馆《致敬·梁士英》思政教学课为例

刘军

摘要：讲好"大思政课"实践教学课程是强化纪念馆教育功能的重要途径，更是时代之需。在实践教学课程中，纪念馆可从文物、情感、道理三个维度设计、开发课程。首先，注意深挖文物故事，建立关联，实现由"冰冷"到"鲜活"的递进；其次要激发情感元素，角度多维，实现由"疏远"到"共情"的递进；再次，阐述道理入心，设问启发，实现由"疑惑"到"认同"的递进。通过叙述内容、结构、方式的有机结合，实现物真、情真、理真的递进，呈现出教学课程的情感价值和内容属性，从而激发受众的真实情感体验，形成基于客观事实的深刻情感认知，实现启智润心的效果。

关键词：大思政课；纪念馆；实践教学；课程设计

习近平总书记强调："'大思政课'我们要善用之，一定要跟现实结合起来。"[1]

---

[1] 中国共产党新闻独家稿件：《思政这堂大课，习近平说要"善用之"》，http://cpc.people.com.cn/n1/2022/0304/c164113-32366287.html，访问日期：2023年11月16日。

纪念馆对于"大思政课"的重要性不言而喻。随着教育部会同有关部门制定《全面推进"大思政课"建设的工作方案》，并联合公布453家"大思政课"实践教学基地，如何将纪念馆内革命文物资源禀赋创造性转化为"大思政课"教育教学的优质资源，成为当下纪念馆应予以重视并不断探讨的课题。然此项工作尚在起步阶段，在内容选取、方法创新、教学情境、理论探索等方面均需补充完善。笔者以辽沈战役纪念馆《致敬·梁士英》思政教学课为例，从纪念馆的立场出发，尝试探究"大思政课"实践教学路径。

一、深挖文物故事，建立关联，实现由"冰冷"到"鲜活"的递进

"文物是历史的本体，是逝去了的历史的一部分，是外在于史者而客观存在的。同时文物也是主观历史陈述的事实证据，为历史研究和历史陈述提供了不容置疑的客观事实，从而增强了主观历史的客观性和可信性。"[1]文物自身客观史实的物证特性正是"大思政课"实践教学中最重要的教育元素，也是纪念馆发挥"大思政课"实践教学基地功能的重要基础。在纪念馆实践教学中尽可能多地利用革命文物，已经成为馆校双方课程设计的共识，现在面临的更大挑战在于如何激发学生们对于革命文物本身"故事"的兴趣，而不仅仅局限于新颖的陈展形式等视觉因素。

"如何能让观众从这些展品身上找到蕴藏的往事，或从这些古旧的展品中看到过去和现实世界的关系，是每个展示所应思考的问题。一个历史类博物馆的展览，至少应注意将一个展览的主题与现实世界建立某种关联，且竭尽所能、想方设法使静的展示表述出动的故事。"[2]辽沈战役纪念馆在《致敬·梁士英》思政教学课中深挖文物背后的故事，注重"物"与"人"的关联，取得了较好效果。

---

[1] 苏东海：《关于历史与文物的思考》，《近代中国与文物》，2005年第1期。
[2] 王伟华：《全球化进程中的博物馆发展问题探讨》，载《北京博物馆学会第四届学术会议论文集》，燕山出版社，2004年。

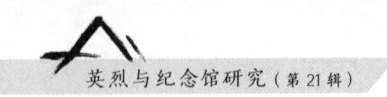

梁士英是辽沈战役的"特等功臣",在锦州攻坚战中舍身炸地堡。在《致敬·梁士英》实践教学课程中用到梁士英烈士的两件文物:一是梁士英炸地堡使用的爆破筒的残片,二是梁士英烈士的腰带。如果在授课中仅仅是介绍两件文物的大小、颜色、质地等物理特征,将难以引起学生们更多的关注和兴趣,因而在课程中讲师把讲述重点放到了两件文物的发现、挖掘过程上:

"这条腰带是我馆珍藏的烈士生前用过的唯一物品。在梁士英烈士牺牲不到一天后,锦州城被东北野战军攻克了。战友们返回到梁士英炸地堡的地方,想找到烈士的遗体,然而只找到这条半截腰带。东北解放后,战友们把腰带送回到烈士家中。1958年辽沈战役纪念馆成立,梁士英烈士的弟弟将其捐赠给我馆。""这三块不规则的黑色金属块是爆破筒炸裂后的残片,就是梁士英烈士炸地堡使用的爆破筒的残片,在烈士牺牲地一共发现7块。1964年,辽沈馆派出专人远赴鞍山,邀请梁士英生前战友靳文清和王佩贤一同到烈士牺牲地进行现场勘查,就在两位战友指定的地点进行了现场挖掘,发现了7枚日式爆破筒残片,经过专家鉴定就是梁士英烈士炸地堡使用爆破筒的碎片,现为国家一级文物,我们看到的就是7块中的3块。"

文物的"发掘经过"成为此次课程中讲述的关键点之一,并将其作为"关联点"进行了详细阐述。"发掘经过"这种与今天生活有一些联系又不太熟悉的工作环节成为受众的兴趣点与关注点,而这一"关联点"既能讲出文物与烈士的关系,又可以讲出文物何其成为文物,凸显文物真实性的本质特征,同时还拉近了文物与当代学生的距离。

革命文物因物性特征和时空关系,往往给人以"陈旧""冰冷"的印象,我们在实践教学课程的开发中要注意发现革命文物背后的故事,延长故事链条,注重革命文物与历史、现实的深度关联,找到恰当的"关联点",以点带面,从而在课堂上努力实现让革命文物"鲜活",让革命历史"动听"。

二、激发情感元素,角度多维,实现由"疏远"到"共情"的递进

情感指的是感情反映的过程,也就是大脑的活动过程。情感代表的是感情的内容,即感情的体验和感受。与情绪相比,情感更为深刻,它是在长期的社会生活环境中逐渐形成的,因而具有更强的稳定性和持久性。①情感是人类生活中必不可少的重要组成部分。情感使我们成为人,并且对理解他人的行为至关重要。每个人都有情绪和情感,这些情绪和情感会时刻影响着人的行为动作。情感对一个人的生存和发展起着至关重要的作用,也是人类社会和人际关系持续发展的力量源泉。"大思政课"作为铸魂育人的重要课程,教学中忽略了情感无异于抽掉了教学的灵魂,不能称为真正的教学,教育目的就不可能实现。"纪念馆是最具情感要素的博物馆,没有什么博物馆能像纪念馆那样以纪念情感作为核心的价值……纪念馆如果没有强烈的情感感染力,那就不能称其为纪念馆。纪念馆的灵魂是情感。"②所以,纪念馆在"大思政课"实践教学中用好情感元素是发挥纪念馆独有的教学特色,也是教学成功的关键所在。

辽沈战役纪念馆在《致敬·梁士英》思政教学课中用到梁士英烈士的一张单人半身照片,然而这张普普通通的照片却比绘画、雕塑更能引发观众内心的情感。苏东海先生在《博物馆情感初论》中讲到博物馆物的原始情感,这一情感元素是烈士牺牲前注入的,"物的原始情感是物的情感的客观基础"。③我们在思政课中要进一步激发"原始情感"。课程中讲道:"这是我们找到梁士英烈士唯一的一张照片,然而从实际意义上说,它并不是一张真正的照片。它是梁士英烈士牺牲后,部队请画家按照战友们和亲人的描述,并参照烈士弟弟长相创作出的一张相片。梁士英烈士没有照片,也没有遗体,他把自己的全部献给了民族解放事业。"每当我们讲述这一段时,学生都静静地听着,眼睛里充满感动。正是因为我们注意激发了烈士遗物中的情感元素,才一下子感染了听众,让学生对烈士肃然起敬。

---

① 中国就业培训技术指导中心、中国心理卫生学会:《心理咨询》,民族出版社,2015年,第75—76页。
② 苏东海:《博物馆的沉思(卷三)》,文物出版社,2010年,第117页。
③ 苏东海:《博物馆的沉思(卷三)》,文物出版社,2010年,第146页。

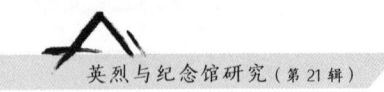

梁士英练兵成绩

练兵五大技术	成绩	备注
第一关：爆破	优秀	
第二关：土工作业	全排第1名	从70分钟挖一个立射散兵坑提高到12分钟完成一个。
第三关：投掷手榴弹	全连第3名	每天早起晚睡，勤学苦练，由原来27米，上升到30米、40米，最后达到45米远，成为全连第3名。
第四关：射击	甲等	射击是打地堡眼，分成甲、乙、丙3等。甲等是在100米间距上对宽12厘米、长18厘米的靶板射击。
第五关：刺杀	全连最好的一个	经常给大家做示范。
总评		练兵结束时被评为两小功。连里规定，打仗时，梁士英为排长的第二代理人。

梁士英练兵成绩单

纪念馆中陈列的革命烈士和英雄人物是实实在在的人，然而因为年代久远，加之原来文艺作品中"高大全"式的英雄模范等人物形象塑造，所以让今天的观众对英烈产生了一种疏离感。在"大思政课"实践教学中，纪念馆要注意情感角度选取上的多维。在《致敬·梁士英》思政教学课中，我们还选用了梁士英在大练兵中的一张成绩单及烈士姐姐、弟弟与母亲的一张家庭合影。通过简洁的语言介绍烈士牺牲的经过，而用更多的话语去介绍烈士的家庭、亲人。成绩单则记录了烈士五项军事考核的成绩，有他擅长的射击，也有他曾经处于落后的"土工作业"成绩，家人的合影更是充满着温情。人们的内心往往是具有英雄情结的，他们希望拉近自己与英雄之间的距离，建立起自己与英雄之间的联系，课程中讲述英雄的角度契合了当下学生对英雄的情感需求——既陌生又熟悉。某种程度上弥合了学生与英雄的距离，满足了学生渴望崇拜英雄的心理需求，给予了学生寄托信仰的真实存在的载体。家庭、亲人、成绩单这些情感元素对于今天的每个人而言依然是熟悉的，课程中选择烈士成绩单与家人合影两物品在突出文物原真价值的同时更注重情感的生成铺垫，带着温度，藏着高度与深度，不断强化着主题。

瑞典心理学家乌尔夫·丁伯格（Ulf Dimberg）指出，共情是无意识的。思政教学并非"决定"他人感同身受，而是"自然而然"地使受众感同身受。"大思政课"实践教学应积极调动贴近生活的、能够产生情感共鸣的元素，使文物本身、讲述者均与受众情感发生关联，从而不由自主地产生出共情效果。在纪念馆的"大思政课"实践教学中把情感元素凸显出来，实践教学就成功了一大半。

三、阐述道理入心，设问启发，实现由"疑惑"到"认同"的递进

2022年4月25日，习近平总书记在中国人民大学考察时指出，"思政课的本质是讲道理"，并强调思政课教师要"把道理讲深、讲透、讲活"。[1]这一重要论述深刻揭示了思政课的本质属性，作为落实立德树人根本任务的关键课程，"理"始终是贯穿思政课的一条主线。纪念馆"大思政课"实践教学既要激发受众的真实情感体验，还要形成基于客观事实的深刻情感认知，实现启智润心的效果。

马克思在《关于费尔巴哈的提纲》中指出："全部社会生活在本质上是实践的。凡是把理论引向神秘主义的神秘东西，都能在人的实践中以及对这个实践的理解中得到合理的解决。"[2]由此可见，只要注重道理与实践有机结合，就会让思政课收获入脑入心的实效。在《致敬·梁士英》思政学课中不仅要讲述烈士为解放新中国而英勇献身的英雄壮举，还要进一步引申出他为什么会如此选择及其深远影响。

在课程中的重要节点，我们会提前设置问题引发学生们的思考。在课程开

---

[1] 中华人民共和国教育部，http://www.moe.gov.cn/jyb_xwfb/s5147/202205/t20220522_629364.htm。
[2] 钟君：《坚持和运用马克思主义实践观：〈关于费尔巴哈的提纲〉导读》，http://theory.people.com.cn/n1/2020/0817/c40531-31824408.html，访问日期：2023年11月18日。

始，讲师提出"梁士英用自己的生命炸掉了地堡，大家可能不禁会问：平时生活中的梁士英有着什么样的性格呢？"课程采用亲人和战友们讲述和回忆视频的方式告诉大家：梁士英出身贫寒，小时候疾恶如仇、善良正直，长大后沉默寡言、性情沉稳；参军后，他的射击成绩在部队里名列前茅，是连里的重机枪手。那么，有着这样性格和本领的人自然不会贸然行事。接着，抛出问题"一个地地道道的东北农民是怎样成长为一名伟大的战士的呢？"讲解员继续讲述梁士英瞒着家人报名参军的小故事，讲述他几次在战斗中机智灵活地主动寻找战机，配合主攻方向战友打击敌人的立功经历，讲述他加入中国共产党后，时刻注意自己的党员形象，更加严格要求自己，无私分享战斗经验等。从梁士英这些平常的小故事中折射出一名共产党员的高大形象，也告诉观众英雄也是普通人，但要"对得起共产党员这个光荣的称号"。

随后，讲师进一步提出问题"梁士英在关键时刻挺身而出，这是一时偶然的选择吗？"沿着这一问题，讲师再一次展开叙述，梁士英参军后回家探望母亲时嘱咐道：将来弟弟成家后有了孩子要过继给自己一个。还介绍了在大部队向锦州前进途中，梁士英怕不能及时赶到预定位置，主动帮战友背枪、帮炊事班做饭、给睡着的战友烫脚。到达锦州外围后，他代表尖刀连三次主动请战与表决心：一定不怕牺牲，不叫苦，保证完成任务。通过这些细节讲清了梁士英其实早就做好为解放锦州随时献出一切的思想准备——在总攻锦州的关键时刻，他献出自己宝贵的生命绝不是偶然行为，这是一个共产党员面对生与死的必然抉择。通过这样层层递进的设问，英雄的形象逐渐丰满而深刻。纪念馆里的英烈都曾经是普通人，但他们是今天人们的精神坐标和信仰的重要载体。通过讲述英烈身上的坚韧品格和为国奉献的行为，将革命英烈不怕牺牲、担当使命的革命精神传递给学生。

理论深刻，才有行动坚定。情绪和情感都是相对短暂和感性的认知，思政课的道理是否讲深、讲透还要看是否真正启迪了学生的思想认知。实践课程如果不能启迪思想，就会存在"硬融入""表面化"等现象。因此，"大思政课"

实践课程更为重要的目标是在感性体验和实践参与中形成正确的理性思维,进而形成坚定的意志品质和道德情操。在教学中要善于结合具体事例,勇于提出问题,在释疑解惑中澄清认知,在批判鉴别中明辨是非。在故事讲述中贯穿价值引领和价值塑造,就事论理、析事明理,力求将"大道理"融入"小故事",把高深的思想和道理讲得深入浅出,从而使"大思政课"实践教学更好地达到感动心灵、塑造灵魂的目的。

从事实认知到情感认知、再到行为变化,是"大思政课"实践教学实现引导力的几个阶段性呈现。优秀的"大思政课"实践课程需要通过叙事内容、结构、方法的有机结合,实现物真、情真、理真的递进,这样才能呈现出不同于其他课程的情感价值和内容属性,才能够打动观众的心。高尚的情感建设不能光靠说教,更重要的是高尚情感的感召和教化,高尚情感的建设是个教化过程。[1]纪念馆发挥好"具有独特的教化价值和独特的教化力"[2]是时代之需。

作者单位:辽沈战役纪念馆

参考文献

[1]中国共产党新闻独家稿件:《思政这堂大课,习近平说要"善用之"》,http://cpc.people.com.cn/n1/2022/0304/c164113-32366287.html,访问日期:2023年11月16日。

[2]苏东海:《关于历史与文物的思考》,《近代中国与文物》,2005年第1期。

[3]王伟华:《全球化进程中的博物馆发展问题探讨》,载《北京博物馆学会第四届学术会议论文集》,燕山出版社,2004年。

---

[1] 苏东海:《博物馆的沉思》(卷三),文物出版社,2010年,第155页。
[2] 苏东海:《博物馆的沉思》(卷三),文物出版社,2010年,第155页。

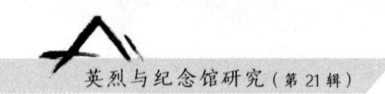

［4］中国就业培训技术指导中心、中国心理卫生学会：《心理咨询》,民族出版社,2015年。

［5］梁宁建：《心理学导论》,上海教育出版社,2006年。

［6］苏东海：《博物馆的沉思》(卷三),文物出版社,2010年。

［7］田丽、赵婀娜、黄超、吴月：《大思政课,总书记心中的一件大事》,《人民日报》,2022年5月22日。

［8］钟君：《坚持和运用马克思主义实践观：〈关于费尔巴哈的提纲〉导读》,http://theory.people.com.cn/n1/2020/0817/c40531-31824408.html,访问时间2023年11月18日。

关于新形势下纪念馆开展对青少年宣教工作的思考

乔琦玥

摘要：作为党史类革命类纪念馆，做好新形势下党史、国史宣传教育工作，特别是加强对青少年的爱国主义教育，是一项必要且紧迫的任务。笔者结合纪念馆宣教工作经验，分析当代青少年在获取信息、沟通交流方式上产生的变化，着力研究当前红色场馆在青少年宣传教育方式上应做的探索和突破。

关键词：新形势；红色场馆；青少年教育；宣教；创新

青少年是国家的希望、民族的未来，也是党史教育的重点对象。习近平总书记在党史学习教育动员大会上强调："要抓好青少年学习教育，着力讲好党的故事、革命的故事、英雄的故事，厚植爱党、爱国、爱社会主义的情感，让红色基因、革命薪火代代传承。"这对革命类纪念馆的青少年宣传教育工作提出了高标准、高期望，激励其宣教工作者在青少年爱国主义教育上不断总结经验、开拓创新、奋发作为。

2015年，国务院发布了最新一版的《博物馆条例》，其中第二条明确规定：博物馆（纪念馆）是指以教育、研究和欣赏为目的的非营利组织。社会教育功能从末尾跃升为首位。因此，在新形势下，如何让展陈、藏品"说话"，让教育活动近距离贴近观众，吸引更多青少年走进场馆，是各场馆的工作的重点。

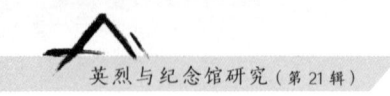

一、沉下来，走出去

中共二大会址纪念馆（以下简称"二大纪念馆"）坐落于党的诞生地、光荣之城上海，是第四批"全国爱国主义教育示范基地"。1922年7月16日，中共二大召开，大会通过了第一个《中国共产党章程》。因此，二大纪念馆就有了一张亮眼的名片"首部党章诞生地"。

近年来，在习近平新时代中国特色社会主义思想主题教育等活动的推动下，二大纪念馆人气高涨，观众接待量逐年提升，近5年参观量为年均50万次人。而这些参观人群中，40%的观众为青少年群体，数量上的不断增加，使得我们迫切希望在教学服务的质量上同步提升。

其一，沉心静气研究受众特点，因人施讲，提高讲解质量。青少年群体具有求知欲强，好奇心强，注意力集中时间较短等特点。党史知识时间久远、内容过深、叙述节奏冗长，纪念馆讲解员基于统一规范的讲解词，结合展板向观众宣讲，往往会出现千人一面的现象。通过深入研究，抓住青少年特点，有针对性地逐一破解问题。在讲解过程中，以某件青少年熟悉的实物展品或某个当下依旧常见的概念为例来吸引其关注，让现实和历史产生关联，寻找共鸣。二大纪念馆涉及大量党史人物，在这方面具备独特优势。首先通过向青少年讲述英雄伟人童年时的故事来拉近距离，激发他们的兴趣。其次可以通过小中见大、窥一斑见全貌的方式，在讲述内容上要做适当取舍，把故事讲活，将伟大的精神力量传递出去。

其二，提高主动服务意识，馆校合作双向推进。2022年5月，文化和旅游部办公厅、教育部办公厅、共青团中央办公厅三部门联合发布了《关于开展"赓续红色血脉　培育时代新人"红色讲解员进校园活动的通知》，为讲解员走出场馆、走进校园，馆校合作双向推进红色文化宣传教育工作，制定了行动指南。中共二大会址纪念馆以优秀红色讲解员为示范带动，打造一支会组织、能上课、懂交流的红色青年讲师队。结合青少年学生普遍关注的热点问题，运用红色故事、文物展示、道具展示等喜闻乐见的方式，送课、送展、送演进校园，不断激发青少年学生的爱国、爱党热情，深挖馆藏文物背后的故事。让丰富的馆藏珍贵文物史料不再安静地躺在库房中，而是充满仪式感地走进学校，让青少年可以亲身感受文物传递出的历史沧桑、时代回响，从中感受伟大精神，起到了很好的传播效果，值得学习并推广。

二、分众化，精品化

作为全国爱国主义教育示范基地，中共二大会址纪念馆在上海市委宣传部、市教委、团市委等单位的指导下，努力践行《上海市爱国主义教育基地三公里文化圈服务圈公约》，以"布局三公里，拓宽新渠道、服务全社会"为目标，针对不同年龄层，分众化研发专属讲解词，打造精品化课程活动，积极服务周边中小学，努力拓宽教育维度。

一是针对小学生群体，打造"红领巾宣讲志愿服务队"。2018年，纪念馆举办了"明灯照童心，同声颂辉煌"——青少年宣讲志愿者评选活动。活动覆盖全市16个区的小学，近3 000名小学生报名参选，最终30名小选手脱颖而出，并成为纪念馆红领巾宣讲志愿者。此后，这支小小志愿服务队，长期活跃在场馆内，他们充满激情地为八方来客服务，特别是当少年儿童走进场馆时，纪念馆会优先安排同龄的学生志愿者作为主讲人。通过志愿服务，做好青少年思想引领工作。

二是针对高中生群体，纪念馆推出了"高中生志愿者岗位"短期培训班。以课程套餐的形式自由组合课程内容，按须提供小班教学课程，将课题内容讲深、讲透；并引导学生利用场馆资源开展主题思政课、主题入团仪式、主题团日活动等，配合使用视频、音频、PPT等多媒体素材，把爱国主义教育融入学生日常学习之中，与学校校外实践要求相结合，高效提升红色场馆立德育人品质。

三是把握时间节点，打造品牌项目。2019年，中共中央、国务院最新印发

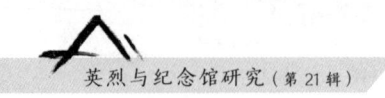

了《新时代爱国主义教育实施刚要》，要求"充分挖掘重大纪念日、重大历史事件蕴含的爱国主义教育资源，组织开展系列庆祝或纪念活动和群众性主题教育……激发爱国热情，凝聚奋进力量"。这对革命类纪念馆的爱国主义教育工作提出了新要求。中共二大会址纪念馆自 2009 年起，用 10 年时间，精心打造"祖国万岁——十一国庆节升旗仪式活动"品牌项目。活动中，青少年学生会用不同形式唱响《我和我的祖国》经典旋律，在充满庄重感、仪式感、参与感的实践活动中，接受红色教育、感悟伟大精神。

三、新青年，新水准

宣教一线的讲解员是纪念馆向青少年传播知识和引导教育学生的主要承担者，是场馆与学生之间的桥梁和纽带。纪念馆的教育功能是否能够得到有效发挥，关键看讲解员、教育员的综合能力。

随着国家一系列红色资源保护利用政策的出台，革命类纪念场馆越来越受到社会各界的广泛重视。近年来，纪念馆行业吸引了一批高质量的"新鲜血液"，进入宣传教育岗位的讲解员、教育员普遍具有较高的学历水平、较强的学习能力和创新能力。现代信息技术高速发展，知识传播方式日趋多元，如何让红色文化宣教更加便捷高效，打造"一专多能"的复合型宣教人才是解决途径。

首先"一专"，指的是要能专心夯实理论知识，使自身具备丰富的文史修养。作为讲述者，要有知其然和知其所以然的底气，才能对青少年进行深入宣讲、旁征博引。中共二大会址纪念馆长期以来高度重视对讲解员队伍的建设，日常管理有"晨会制度"，讲解员坚持每日晨读，持之以恒练好早功，打牢基础；每月有"月考制度"，鼓励勤学多练，注重总结和积累；每年年底有"星级考评制度"，纪念馆会邀请专家，对讲解员进行笔试和口试的综合考评，根据考核成绩，重新对讲解员评星定级，决定其下一年工作绩效。此外，为了强化人才培养，纪念馆还会定期组织人员外出学习交流，邀请专家学者进馆授课培训。

其次,"多能"指的是"会讲""会写""会编""会演"等能力。"会写"是指针对不同年龄层的青少年,要会撰写讲解稿、短篇红色小故事、微剧本等;"会编"是指要做好微信公众号小编、小视频拍客、短视频编辑等,积极利用新媒体灵活、高效的特点,拉近与年轻人的距离,这也是近年来的一大趋势;"会演"指的是在沉浸式参观日趋成熟的当下,宣教人员需要参与情景党课、学生课本剧等演出,寓教于乐。在新形势下,一线宣教人员被赋予了更多的新任务,因此,必须时刻保持学习状态,不断拓展新技能,更新宣讲方式,增强宣讲效果。

四、让出舞台,搭出平台

随着现代教育水平的提高,教育理念的不断优化,新时代青少年在纪念馆学习中,已不再满足于单一的参观讲解,他们需要更丰富的体验,更主动的参与方式。经调查发现,小学中高年级学生具有自行组队活动的期望;初中学生可以组建课题小组,有计划地组织、部署研学线路,完成研学探访活动;高中学生可以在专业人员带领下,开展党史类课题研讨。

中共二大会址纪念馆青少年宣教工作及时顺应这一变化,一改"坐等上门""我讲你听"的传统模式,通过探索和创新,将红色主题教育和青少年自主研学相结合,为学生搭建起自主学习的平台,让学生在轻松的氛围中,将党史学习转化为自觉行动,增强教育吸引力、扩展教育辐射面。

一是结合当下时兴的citywalk("城市漫游")形式,充分挖掘区域内丰富的红色文化资源,为不同年龄段学生打造多条不同主题研学线路,由红色讲师带队,用行走游学的方式,追寻先辈的足迹,感悟信仰之力。二是通过组织青少年祭扫烈士、拜访烈士后代、采访老革命家等方式,亲眼看、亲耳听,感受榜样的力量。三是纪念馆持续参与上海市教委组织的"微课题"大赛活动,吸引上海戏剧学院附中学生参与红色微剧开发,亲身参演情景党课,与百年前

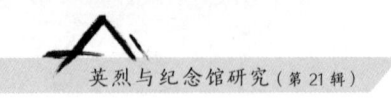

的青年人通过角色对话，感悟、传承精神力量。

五、结语

"青年强则国家强。青年一代有理想、有本领、有担当，国家就有前途，民族就有希望。"党的十八大以来，习近平总书记始终心系青少年成长，他深刻指出："开展革命传统教育，要从娃娃抓起，用好红色文化资源和红色教育基地，让红色基因代代相传。"中共二大会址纪念馆将深入领会总书记的讲话精神，进一步发挥全国爱国主义教育示范基地的宣教职能，培养广大青少年在学思践悟中坚定理想信念，满足新时代下青少年对党史学习的多样化、个性化需求，为实现中华民族伟大复兴的中国梦贡献智慧和力量。

作者单位：中共二大会址纪念馆

参考文献

[1] 中华人民共和国国务院：《博物馆条例》，国务院令（第659号）。

[2] 中华人民共和国教育部、国家文物局：《教育部国家文物局关于利用博物馆资源开展中小学教育教学的意见》，文物博发〔2020〕30号。

[3] 上海市档案馆、上海市委宣传部：《上海市爱国主义教育基地三公里文化服务圈公约》，2013年。

[4] 中共中央、国务院：《新时代爱国主义教育实施刚要》，2019年。

浅谈新时代如何讲好英烈故事

沈闻

摘要：本篇以红色场馆为例，旨在探讨在新时代如何讲好英烈故事，并从多个方面进行分析。通过研究英烈故事的意义、讲述方式以及传播渠道，进一步提升英烈故事的弘扬效果，以激励广大人民群众传承英烈精神，为实现中华民族伟大复兴的中国梦贡献力量。

关键词：英烈故事；文化价值；传播方式

英烈故事的讲述在中国历史上有着悠久的传统。自古以来，中国人民就以英勇坚毅的英烈形象，塑造了无数可歌可泣的故事，尤其是在抵御外来侵略、争取民族独立的历史时期，英烈故事更是成了国家精神的象征。新中国成立后，通过丰富多样的宣传手段，英烈故事得以广泛传播，为国家建设和社会发展注入了强大力量。作为英烈纪念场馆，应当倍加重视英烈人物的研究，讲好英烈故事，将英烈精神作为宝贵的历史遗产和精神财富传承发扬，激励和引领人民群众为实现民族复兴和社会进步而奋斗。

一、英烈故事的意义

1. 英烈故事的定义和特点

英烈故事是英烈事迹和英烈精神的叙述演绎，镌刻着仁人志士的光荣与梦想，承载着中华民族的集体记忆，反映了中国社会的精神面貌。讲好英烈故事，能够唤起人们对历史的追忆，凝聚对国家和民族的认同感。这些故事通常以真实的历史事件为背景，以英雄人物的崇高品质为核心，旨在塑造民族英雄的形象。英烈故事的特点之一是情节紧凑、节奏明快。这些故事往往通过生动的场景描写和紧张的冲突展开，通过引人入胜的叙事手法，描述人物的成长历程和战斗经历，让读者沉浸其中，感受英雄们的伟大之处。其次，英烈故事强调人物形象的塑造。英雄人物通常具备高尚的品质和崇高的道德准则，他们坚守正义，无私奉献，甘于牺牲，始终保持着对民族和社会的忠诚。他们的形象往往是丰满而立体的，具备强烈的个性特点和鲜明的形象特征，使得读者可以深刻感受到他们的信仰与抉择。此外，英烈故事语言生动，富有感染力，通常运用生动的比喻、细腻的描写和富有张力的对白，使故事更加生动而丰富。同时，还会巧妙运用修辞手法和情感表达，以引起读者的情感共鸣。总之，英烈故事是一种具有深厚文化底蕴和强烈感染力的文学形式，通过讲述和赞美英雄人物的故事，传递着自强不息、勇往直前、无私奉献的价值观和精神力量，这些故事教育引导人民认清党和国家苦难辉煌的伟大历史，让红色种子在心灵深处生根发芽，从英烈事迹中汲取强大精神力量。

2. 英烈故事的实践意义

英烈故事阐述的不仅仅是英勇的战斗，更是对我们新时代的一种指导和启示。首先，体现在对爱国情怀的深刻诠释上。英烈们舍弃个人利益，将国家和民族的利益置于至高无上的位置。诸如邹韬奋[①]一生办刊物、办书店，提倡并践行"竭诚为读者服务"，始终高举抗日的大旗，用生命诠释了忠诚与担当，用鲜血书写了英勇与坚韧。在新时代，我们应该继承和发扬英烈们的爱国精

---

① 邹韬奋（1895—1944），江西余江人。1926年主编《生活》周刊。1932年参加中国民权保障同盟。1935年后，先后创办《大众生活》《生活日报》及《生活星期刊》，并参与领导上海各界救国联合会和全国各界救国联合会工作。1936年因抗日救亡与李公朴等7人被国民党当局逮捕，史称"七君子事件"。获释后，先后主编《抗战》《全民抗战》等刊物。1944年在上海病逝，后被中共中央追认为中共正式党员。

神,将个人的理想和追求融入国家的发展中,为实现中华民族的伟大复兴贡献自己的力量。其次,还体现在培养正确的价值观和道德观上。英烈们坚守正义,无私奉献,展现了高尚的品质和崇高的道德境界。他们的事迹教育我们要树立正确的价值观,追求真善美,坚守道德底线。此外,还体现在激发民族自豪感和集体荣誉感上。英烈们用血肉之躯书写了民族的壮丽史诗,成就了国家和民族的光辉历史,激励我们为国家的发展和民族的繁荣而不懈奋斗。

二、讲好英烈故事的方式

1. 创新讲述形式与手法

创新的讲述形式和手法可以让故事更具吸引力和感染力,从而更好地传达英烈的崇高精神和伟大事迹。① 故事的背景引言:在开始讲述之前,通过引入相关历史背景,让人们更好地理解英烈的选择和牺牲。例如,通过简短的历史背景介绍,了解当时的战争环境、国家的困境、社会的动荡,从而更加珍视英烈的奉献和牺牲。② 情感描写和人物刻画:通过精彩的情感描写和生动的人物刻画,将英烈的形象栩栩如生地展现在听众或读者面前。运用形象生动的语言描绘英烈的外貌、性格、行为举止等,拉近英烈人物与现实生活的距离。③ 非线性叙事:通过采用非线性叙事的方式,将故事按照时间顺序之外的逻辑展开,以增加悬念和吸引力。可以通过回溯、预示、闪回等手法,将英烈的故事以更加生动有趣的方式呈现给听众或读者。④ 对话和对白:适当增加对话和对白的元素,使英烈故事更具戏剧性和可读性。创造性地编写对话,展示英烈与他人之间的交流、争论、感情等,以便更好地传达英烈的思想、情感和价值观。⑤ 多媒体辅助:在讲述英烈故事的过程中,可以借助多媒体技术,如图片、音乐、视频等,以增强故事的感染力和视听效果。通过呈现真实的图片或视频素材,配以适当的音乐或音效,引导听众或读者走进英烈的精神世界。

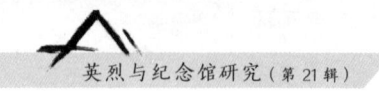

2. 强化故事情感共鸣

在讲述英烈故事时，应该通过生动的描写和细腻的情感表达，展现英烈们无私奉献的精神和勇往直前的坚毅。例如，通过描绘英烈们的家庭背景和成长经历，了解英烈走上革命道路的缘由。当故事中的英烈面临困境和危险时，应通过细腻的描写，让听众或读者感受到他们内心的挣扎和无畏的勇气。同时，还可以通过塑造英烈与他人之间的关系，强化故事情感共鸣。又如，通过描写英烈与家人、朋友或战友之间的深情厚谊，让听众或读者感受亲友的牵挂和支持。当英烈在战场上为了保护同伴而舍生忘死时，让听众或读者深切感受到英烈对于友情和责任的奉献。此外，还可以运用修辞手法，加强故事情感共鸣的效果。例如，通过比喻英烈们的勇敢与坚韧如同磐石，用激情澎湃的语言描述他们的英勇行为，让读者仿佛身临其境，与英烈们共同经历每一次艰难的抉择和壮烈的牺牲。

三、传播英烈故事的渠道

1. 传统媒体的利用与改进

传统媒体包括报纸、电视、广播等，这些媒体以其广泛的覆盖面和强大的影响力，可以有效地传播英烈故事，激发人民的爱国情感和道德觉醒。首先，报纸是传统媒体中最常见的形式之一。它通过详实的文字描述和图文并茂的报道方式，将英烈的事迹展现在读者面前。同时，还可以通过专栏、社论等形式，深入解读英烈的精神内涵，引导公众从中汲取正能量。其次，电视作为传统媒体的重要组成部分，具有视听效果强、受众广泛的特点。通过电视节目、纪录片以及新闻报道等形式，英烈故事可以被直观地展现给观众。此外，电视媒体还可以通过邀请专家学者和亲历者参与访谈等方式，对英烈故事进行深入解读。此外，广播也是传统媒体中传播英烈故事的重要渠道之一。广播节目可以通过讲故事的形式，生动传播英烈事迹，还可以通过专题讨论、公益广告等方式，进一步拓展英烈故事的影响力和传播效果。

虽然传统媒体在传播英烈故事方面具有独特的优势，但也需要不断改进和创新。首先，传统媒体可以加强与新兴媒体的融合，借助互联网、社交媒体等新媒体平台，将英烈故事传播得更迅速、更广泛。其次，传统媒体应注重故事的多样性和创新性，创作多样化的故事情节，丰富教育内容。此外，传统媒体还可以加强与教育机构、社会组织的合作，开展相关主题的讲座、展览等活动，进一步推动英烈故事的传播和影响。总体来看，传统媒体在传播英烈故事方面起到至关重要的作用，但传统媒体与新兴媒体的有机结合，将为英烈故事的传播带来更广阔的空间和更深远的影响。

2. 社交媒体助力赋能

社交媒体作为传播信息的重要平台，具有广泛的覆盖面和强大的传播能力。利用微博、微信、抖音等社交媒体平台，将英烈故事以图文、视频等多种形式进行展示，能够获得社会的广泛关注。首先，社交媒体具有传播速度快、时效性强的特点，使得英烈故事得以及时传播和分享。各红色场馆会定期通过社交媒体平台发布英烈故事或相关纪念活动信息，使公众足不出户就能够接受爱国主义教育。其次，社交媒体还具有较强的互动性，通过评论和点赞功能，促使用户参与讨论和分享，增加了公众对于英烈事迹宣传的兴趣与热情。各红色场馆也可以通过发起话题讨论、举办线上纪念活动等方式，吸引更多人参与其中，共同传承和弘扬英烈的精神。最后，社交媒体上的用户还可以自发分享和推荐英烈故事，形成更大规模的传播效应。可以说，社交媒体在传播英烈故事方面发挥着重要作用，利用其生动直观的展示方式、快速的传播速度，可以更好地传播英烈故事、宣传英烈精神。

3. 线下宣传与教育活动

为了有效推动英烈故事的宣传工作，首先，可以借助各类纪念活动来传播英烈故事。在清明、烈士纪念日等重大时间节点，红色场馆应策划英烈事迹展览、祭扫、红色课堂等活动，吸引社会公众走进场馆，接受爱国主义教

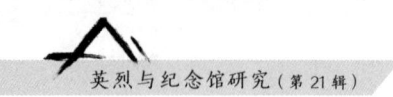

育和革命传统教育。其次，精心策划英烈故事的纪录片或短片，通过电视台、广播电台等媒体平台进行播放，并请相关专家学者加以点评和解读，提升传播的深度和影响力。此外，还可以借助互联网和社交媒体平台，开展线下宣传与教育活动。诸如建立官方网站或者社交媒体账号，定期发布有关英烈故事的文章、图片、视频等，吸引目标受众的关注和参与。同时，可以组织线下的讲座、座谈会等活动，邀请专家、学者和相关领域的人士进行深入探讨和交流，提高宣传工作的专业性和权威性。此外，红色场馆还可以与学校、图书馆、文化活动中心等机构合作，举办英烈故事阅读分享会、英雄模范人物展览等活动，也可以通过校园巡讲、学生演讲比赛等形式，将英烈故事融入教育教学中，培养和引导青少年的正确价值观和爱国情怀。总之，传播英烈故事需要综合运用各种线下线上资源，拓宽宣教覆盖面，这样才能有效地宣传英烈事迹，激发社会的爱国热情，推动社会主义核心价值观的传播与实践。

四、结论

"山因脊而雄，屋因梁而固。"熟悉英烈、读懂英烈，才能更好地传承他们的品质、精神和风范。今天，放眼神州大地，每一处战斗旧址，每一尊生动塑像，每一座先烈坟茔，都是一段凝固的历史，都有着血与火的感人故事。这些故事充分展现了英烈们的初心使命，蕴藏着我们党"从哪里来"的精神密码，标示着我们党"走向何方"的精神路标。讲好英烈故事，用生动鲜活的榜样故事在社会上激荡其爱国奋斗的澎湃春潮，是红色场馆的责任和使命！

作者单位：龙华烈士纪念馆

参考文献

[1] 沙冰:《新时代英烈精神弘扬与传承路径》,《中国报业》,2023第12期。

[2] 陈重、侯军:《褒扬英烈功绩激扬奋进力量》,《奋斗》,2022第12期。

[3] 杨凯雯:《用档案讲好英烈故事用书籍传承红色初心》,《陕西档案》,2022第2期。

浅析上海特别市临时市政府的历史意义及其开展宣传的方式

贾昕贤

摘要：上海特别市临时市政府的成立是以中国共产党人为主体在上海地区推行人民当家作主的重要举措。通过成立临时市政府，中国共产党表明了自己的政治主张。本篇通过对主要代表人物龙华英烈以及历史事件进行概述，突出其与巴黎公社之间的相似之处，分析上海特别市临时市政府的历史意义，旨在更加深入地了解中国共产党的发展历史与马克思主义中国化的探索。

关键词：巴黎公社；上海特别市临时市政府；中国共产党

一、上海特别市临时市政府成立的历史背景

1. 事件简介

1926年冬，国民革命军北伐节节胜利。根据中央指示，中共上海区委研究和讨论了革命形势以及在上海发动工人武装起义的方针、策略，并提出加强统一战线工作。起义胜利后，组织上海市民政府。在中共的推动下，12月6日，上海各团体组成上海特别市政府市民公会。1927年3月12日，市民公会召开第一次市民代表会议，选举罗亦农、汪寿华等31人为代表会议执行委员。3月21日，上海人民第三次工人武装起义成功。3月22日，第二次市民代表大会召开，有1 000余团体的代表4 000人到会。大会产生上海特别市临

时市政府，选举罗亦农、汪寿华、林钧、王晓籁等19人为临时市政府委员，其中中共党员9人。29日，市民政府委员会举行就职典礼。直到蒋介石发动"四一二"反革命政变，上海特别市临时市政府被迫于4月14日停止活动。

上海特别市临时市政府在政府机构设置、行政管理、社会事务等方面推出了一系列新的举措。在政府机构设置上，临时市政府设立了市长、副市长、市政府秘书长等职务，建立了包括行政、财政、经济、社会等多个部门的组织结构。在行政管理方面，临时市政府加强了市政府对地方行政区域的管辖，推进了城市基础设施建设和公共服务的提升。在社会事务方面，临时市政府积极组织了各类社会团体和群众组织，促进了社会资源的合理利用和社会管理的民主化。通过成立临时市政府，中国共产党向国内外表明了自己对上海地区的治理能力和意志，巩固了国内政治稳定局面，增强了国际社会对中国共产党的认同和信心。

马克思在巴黎公社失败后说："公社的原则是永存的。"市民政府的生命虽然不到一个月，但它以人民当家作主的原则与巴黎公社一样，也是永存的。

2. 市民政府中的龙华英烈

（1）罗亦农

罗亦农（1902—1928），原名善扬，出生于湖南湘潭。1919年下半年，17岁的罗亦农只身来到上海，1920年加入外国语学社，为寻求真理，罗亦农等青年骨干决定赴苏俄学习。随着第一次国共合作的形成，革命形势越发高涨，罗亦农归心似箭。1925年4月，罗亦农终于回国并迅速投入工运事业。1925年年底，罗亦农前往上海担任中共上海区委书记。为配合北伐军攻占上海，他于1926年至1927年间，连续组织和领导了三次工人武装起义。1927年罗亦农冒险回到上海，随后在中央临时政治局扩大会议上被选为政治局常委。在上海特别市临时市政府成立后，罗亦农被任命为市政府的重要成员之一，担任市政府的要职。他与其他领导成员一起，制定了一系列重要政策和措施。1928年4月，罗亦农在上海被捕。4月18日，国民党反动当局将罗亦农押送至国民党淞

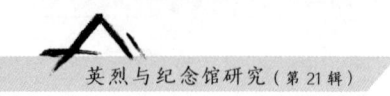

沪警备司令部，关押在"地"字牢房。在狱中，敌人对罗亦农连续多次审问和拉拢，均没有收获，便命令将罗亦农就地处决。4月21日，罗亦农从容步入刑场，英勇就义，年仅26岁。

罗亦农是中国共产党早期重要领导人之一，也是中共牺牲的第一位中央政治局常委。其一生坚持革命理想，为中国革命事业和民族独立事业做出了重要贡献，在中国近现代历史上留下了光辉的一笔，他的事迹激励着一代又一代的革命者和建设者，他一直被中国人民铭记于心。

（2）汪寿华

汪寿华（1901—1927），是中国近现代政治革命的重要人物之一，也是上海特别市临时市政府的重要成员之一。汪寿华出生于一个富裕的商人家庭，早年接受了良好的教育。他曾在莫斯科留学，并深受近代西方政治思想的影响，成为一名积极的革命者。回国后，他加入了中国共产党，为国家统一和民主政治的发展做出了积极贡献。1927年，汪寿华参与了上海工人第三次武装起义，随后成立了上海特别市临时市政府，并担任常委之一。在临时市政府成立后的短暂时间里，他与其他领导成员一起制定了《上海特别市临时市政府政纲草案》等重要文件。

1927年"四一二"反革命政变爆发后，汪寿华等临时市政府领导成员遭到镇压，临时市政府被解散。汪寿华在政变后被残忍杀害。汪寿华一生坎坷，经历了中国近现代政治的动荡与变革。他以自己的实际行动和不懈奋斗，为中国革命事业和民族独立事业做出了重要贡献，是中国革命历史上的一位杰出人物。

二、上海特别市临时市政府的历史意义

1. 政权的平稳过渡

上海特别市临时市政府是中国近代史上的一个重要政治组织。它培育了革命力量和推动了共产党的崛起，同时也彰显了中国民主运动的勇气与决心。这

些历史经验对于中国政治发展和政权过渡具有重要的启示和借鉴意义。上海特别市临时市政府和巴黎公社是在不同历史时期、不同地域背景下出现的两个政治实体，它们都曾在特定的社会背景下试图实现政权的平稳过渡，但在很多方面存在着显著的差异。

从组织形式与运作方式上来看，巴黎公社是一个由市民选举产生的政治实体，代表了巴黎市民的利益。公社实行直接民主制，决策和管理由选举产生的委员会负责，工人阶级在公社中占据重要地位，试图让工人阶级获得政治权力。而上海特别市临时市政府撇弃了传统的官僚管理制度，由领导人员组成，实行委员会制度，负责制定政策和管理市政事务。

从推行的政策上来看，巴黎公社代表了工人阶级的利益，主张废除私有制，实现工人自治，推动社会主义革命。公社实行了一系列进步政策，如取消军衔、实行工人薪酬平等、建立民兵组织等，试图改变社会阶级结构。上海特别市临时市政府则代表了中国革命阶级以及广大人民的根本利益，如推动教育改革、发展工商业等实现国家的现代化和民主化。上海特别市临时市政府成立后虽然试图推动政治改革，但在1927年"四一二"反革命政变后被国民党镇压，市政府解散，领导成员遭到迫害。尽管市政府失败了，但它在中国近代革命史上留下了重要的一笔，为中国共产党的崛起和新中国的建立做出了贡献。

2. 首个大城市民主政权的建立

上海特别市临时市政府是中国近代史上具有重要历史意义的政治组织之一，其建立标志着中国近代民主政治的探索和尝试。上海特别市临时市政府的建立是中国近代政治体制改革的一次尝试。它标志着中国逐步从封建官僚主义制度向现代社会主义民主制度转变的探索。上海特别市临时市政府致力于改善社会民生，推动社会进步。通过推行民主制度、改善教育体制、加强社会福利等举措，为广大市民谋福祉，提高社会的公平正义。

此外，巴黎公社作为世界上第一个工人阶级政权的尝试，为国际社会主义运动提供了重要经验和启示，对后来的社会主义国家和工人运动产生了一定影

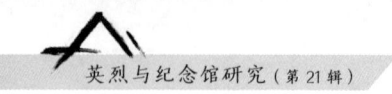

响。虽然最终以失败告终，但它在历史上留下了浓墨重彩的一笔。两者都是在马克思主义指导下无产阶级运动的重要一环，都是世界无产阶级斗争的象征。

3. 执政能力的进一步提升

上海特别市临时市政府的建立标志着中国近代史上一次重要的政治实践，对于中国共产党执政能力的进一步提升具有重要的历史意义。上海特别市临时市政府是中国早期新民主主义时期的重要政治事件。在这一时期，中国社会正经历着政治、经济和社会的巨大变革，而上海特别市临时市政府的建立则标志着中国政治体制从封建专制向民主共和的转变。这一历史事件展示了中国人民对于政治改革的迫切需求，也为中国共产党后来的执政起到了借鉴作用。虽然上海特别市临时市政府存在时间不长，但其所推出的措施却具有一定的影响。上海特别市临时市政府在短暂的存在期间，积极推动了一系列政治、经济和社会改革。例如，推行普选制度、设立市政府、制定法规等，这些举措都为中国社会的现代化进程打下了基础。

此外，上海特别市临时市政府的建立反映了当时中国共产党在中国社会中的影响力逐渐增强。虽然在此时期，中国共产党的组织和力量相对较弱，但是通过参与和支持上海特别市临时市政府的活动，中国共产党逐渐扩大了自己的影响范围，并积累了斗争经验和政治资源，这对于中国共产党后来的执政能力提升具有重要意义。与此同时，上海特别市临时市政府的建立为中国共产党提供了一个政治舞台，这为中国共产党在未来的革命斗争和执政实践中提供了历史经验。

三、宣传上海特别市临时市政府历史意义的方式

1. 拓宽现有宣传渠道

为了拓宽宣传渠道，让更多的人了解和认识上海特别市临时市政府的历史，应在互联网时代的背景下进一步建立多元化的宣传平台。在官方网站上建立专栏，介绍上海特别市临时市政府的历史、成就和影响，并提供相关资料的

下载。利用微博、微信、抖音等社交媒体平台开设官方账号，发布历史资料、图片和视频，吸引年轻人的关注。与此同时，开发手机应用，开发上海特别市临时市政府历史的虚拟参观、互动体验和知识问答等功能，增加用户的参与度。其次要扩大宣传范围，深化宣传内容，在实际工作中可以与电视台、广播电台、报纸等传统媒体合作，制作专题节目、新闻报道和纪录片，深入挖掘上海特别市临时市政府的历史内涵。在纪念馆等场所举办关于上海特别市临时市政府的主题展览，通过实物、图片、多媒体等形式展示其历史，吸引观众参观。并且，纪念馆可以通过官方的身份鼓励作家、编剧创作与上海特别市临时市政府相关的小说、影视剧本、话剧等文学作品，以多种形式深入挖掘历史故事。

此外，在实际宣传过程中可以联合社会力量，共同推进宣传工作。政府部门可以发挥组织协调作用，号召社会各界力量共同参与上海特别市临时市政府历史的宣传工作。纪念馆可以与历史研究机构、社会团体、公益组织等建立合作关系，共同策划举办系列宣传活动，形成合力。同时，注重评估监督，提升宣传效果，通过建立健全宣传工作评估机制，定期对宣传效果进行评估，及时调整宣传策略和措施。在这个过程中积极听取公众的意见和建议，不断改进宣传内容和方式，提升公众满意度和参与度。

2. 开展主题纪念活动

弘扬上海特别市临时市政府的历史意义，可以通过开展主题纪念活动来实现。这些活动旨在向公众展示上海特别市临时市政府的成就和影响，激发人们对历史的兴趣，增强历史文化传承的力量。例如，在具有历史意义的纪念馆举办上海特别市临时市政府的主题展览。展览可以通过文字、图片、实物等多种形式，展示上海特别市临时市政府的历史背景、领导人、政策和成就。邀请专家学者、历史研究者和相关领域的专业人士，举办关于上海特别市临时市政府的学术研讨会。通过专家的演讲和讨论，深入解读上海特别市临时市政府的历史背景、重要事件和影响。并且可以组织书法绘画爱好者参与上海特别市临时市政府主题的书法和绘画创作,并举办展览。展览可以展示艺术作品,以图文并茂的方式展现上海特别市临时市政府的历史。在展览过程中还可以放映上海特别市临时市政府相关的影视作品,如纪录片、电视剧等。通过影视作品向观众展现上海特别市临时市政府的历史故事和重要时刻。

此外,邀请相关领域的专家、学者或文化名人,进行关于上海特别市临时市政府的演讲和讲座。演讲和讲座可以涵盖历史、政治、文化等多个方面,提供深入了解的机会。定期组织音乐会、舞蹈演出、戏剧表演等文艺活动,以艺术形式展现上海特别市临时市政府的历史。演出可以通过音乐、舞蹈、戏剧等形式,生动地再现历史场景和人物形象。在活动结束后进行总结和评估,对活动的整体情况进行归纳,撰写活动总结报告,记录活动过程中的亮点、问题和经验教训。收集参与者的意见和反馈,了解他们对活动的评价和建议。同时,进行自我评估,分析活动效果和不足之处。将活动的成果与历史文化传承相结合,持续推动上海特别市临时市政府的历史宣传和传承工作,让更多人了解和认识上海特别市临时市政府的历史。

3. 融入学校课程教育

进一步加强与学校之间的合作,将上海特别市临时市政府的历史融入学校课程教育是一项重要的任务。在实际工作中可以将这一历史事件融入历史课程中,在历史课程中,专门安排时间讲解上海特别市临时市政府的成立、运作和影响。教师可以使用多媒体资料、图片和视频等方式,生动形象地介绍这一历史事件。历史教科书可以增加相关内容,详细介绍上海特别市临时市政府的历史背景、领导人、政策和成就,以及其在中国近现代史上的地位和作用。教师也可以组织学生进行小组讨论,探讨上海特别市临时市政府的建立原因、运作模式以及对中国历史的影响,促进学生进行深入了解和思考。

此外,纪念馆可以同学校之间进行合作,组织学生开展上海特别市临时市政府相关的社会研究项目,包括调查研究、文献查阅和实地考察等,提高学生的调查研究能力和历史意识。引导学生阅读与上海特别市临时市政府相关的文献资料，如历史文献、研究论文和回忆录等，拓展学生的历史视野和知识面。通过以上的课程设计和教学活动，可以使学生更全面地了解上海特别市临时市政府的历史意义和价值，增强他们的历史意识和文化自信心。同时，这也有助于促进学生的思辨能力、创新能力和团队合作精神的培养，为其未来的发展奠定基础。

四、结论

综上所述，上海特别市临时市政府作为中国近现代史上的重要事件，其历史意义体现在推动中国城市政治现代化、探索城市管理与社会治理，以及丰富中国政治思想和政治实践等多个方面。对于我们理解和把握中国近代历史，认识和探索中国城市化进程，以及研究和借鉴中国政治经验，都具有重要的参考价值和启示意义。

作者单位：龙华烈士纪念馆

参考文献

[1] 唐洲雁、宋佩玉：《上海特别市临时市政府的成立与上海市民自治运动》，《党史研究资料》，2003(3)：9。

[2] 王立民：《上海法制史上光辉的一页——评〈上海特别市市民代表会议政府组织条例〉》，《历史教学问题》，1996(5)：4。

[3] 李玉芳：《临时性政府机构运行机制研究》，东华大学，2024年4月17日。

史实考证

《蝶恋花·答李淑一》之"骄杨""杨花"孰是孰非？

顾莹　朱惠玲

摘要：2002年7月浙江革命烈士诗文碑林落成，毛泽东的《蝶恋花·答李淑一》手迹碑是其主碑。20多年来，该碑一直受到观众的特别关注，也不断地遭到观众的投诉。主要是刻碑的毛泽东手迹《蝶恋花·答李淑一》中第一句"我失杨花君失柳"与另一版本的"我失骄杨君失柳"不一致，从而产生了"骄杨""杨花"孰是孰非的疑问。其实，"骄杨""杨花"都对，都是毛泽东的手笔，只是手迹成文有先后。

关键词：《蝶恋花·答李淑一》；骄杨；杨花

一、问题的缘起：浙江革命烈士诗文碑林主碑落成

浙江革命烈士纪念馆位于杭州西子湖畔的云居山上，北接吴山天风，南邻万松书院，东眺钱江浩荡，西瞰西湖水光潋滟。春天，玉兰如雪，杜鹃烂漫；秋日，桂香四溢，霜叶红遍。这里不仅是爱国主义教育基地，也是一处景致优美的旅游休闲胜地。为提升馆区的精神文化品位，寓教于游，在浙江省委、省政府的支持下，2002年7月，馆区增建了浙江革命烈士诗文碑林。碑林诗文丰富多彩，有伟人缅怀革命先烈的诗词、题词，有浙江革命烈士的遗文绝笔，其中有伟人、书法名家、烈士的手迹，如沙孟海、沈鹏等名家的作品。

史实考证

　　毛泽东的《蝶恋花·答李淑一》手迹碑是浙江革命烈士诗文碑林的主碑。它一落成就受到游客的特别关注，反响也相当强烈。主要是刻碑的毛泽东手迹《蝶恋花·答李淑一》（9月1日稿，纵15行，下文简称"杨花"版）中第一句"我失杨花君失柳"与另一版本"我失骄杨君失柳"（5月11日稿，纵8行，下文简称"骄杨"版）不一致，从而产生了"骄杨""杨花"孰是孰非的疑问。有的同志比较含蓄，来馆咨询是否为工作上的失误，把毛泽东的诗词内容弄错了；有的同志则对"杨花"的理解比较敏感，出于对革命烈士的崇敬，非常气愤，指责工作人员歪曲了毛泽东的诗词。对此，工作人员做了一些耐心的解答——"我失杨花君失柳"与"我失骄杨君失柳"都对，都是毛泽东的手笔，只是手迹成文有先后。为此，我馆在《蝶恋花·答李淑一》手迹碑的边上特地立了一块说明牌。但20多年过去了，一批批的游客迎来送往，纪念馆还是陆续收到一些游客的有关咨询。基于这是一个受到社会公众持续关注的热点问题，本人作为亲历者将对这个问题做一个全面、细致的解释。

浙江革命烈士纪念馆毛泽东手迹刻碑照

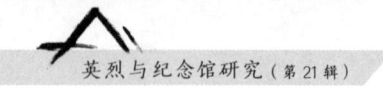

二、"骄杨""杨花"都是毛泽东的手笔

《蝶恋花·答李淑一》作为一首赠答词，是毛泽东为答复杨开慧的好朋友李淑一的来信而作。1957年2月，李淑一写了一封信给毛泽东，信里附了一首她在1933年填写的纪念柳直荀的词《菩萨蛮·惊梦》，并向毛泽东索要1920年写给杨开慧的一首词《虞美人·枕上》。5月11日毛泽东回信说："大作读毕，感慨系之。开慧所述那一首不好，不要写了吧。有《游仙》一首为赠。这种游仙，作者自己不在内，别于古之游仙诗。但词里有之，如咏七夕之类。"毛泽东的这首词最早发表在1958年1月湖南师范学院院刊《湖南师院》元旦专刊，词题改《游仙》为《赠李淑一》。之后，《诗刊》《人民日报》相继发表。1963年人民文学出版社将这首词收入《毛主席诗词》(37首本)时，征得作者同意，改为现题《蝶恋花·答李淑一》。这就是后来流传的"骄杨"版的《蝶恋花·答李淑一》——"我失骄杨君失柳，杨柳轻飏直上重霄九。问讯吴刚何所有，吴刚捧出桂花酒。寂寞嫦娥舒广袖，万里长空且为忠魂舞。忽报人间曾伏虎，泪飞顿作倾盆雨。"词中的"骄杨"指毛泽东的夫人杨开慧；"柳"指柳直荀，也就是李淑一的丈夫、毛泽东的战友。

1962年，友人章士钊请教作者"骄杨"一词寓意，毛泽东无限崇敬地说："女子革命而丧其元（头），焉得不骄？！"1963年，毛岸青及妻子邵华请求父亲把《蝶恋花·答李淑一》手书给他们以作纪念。毛泽东当即铺纸握笔，沉思片刻后，挥毫题写："我失杨花君失柳，杨柳轻飏直上重霄九。问讯吴刚何所有，吴刚捧出桂花酒。寂寞嫦娥舒广袖，万里长空且为忠魂舞。忽报人间曾伏虎，泪挥顿作倾盆雨。"岸青、邵华唯恐是父亲笔误，提醒道："爸爸，不是'骄杨'吗？"毛泽东满怀爱慕和怀念之情，缓缓地回答："称'杨花'也很贴切。"同时在这一稿中，毛泽东还把"泪飞"改成"泪挥"。这就是"杨花"版的《蝶恋花·答李淑一》纵15行，9月1日稿的来历。2001年中共中央文献研究室毛泽东研究组编辑的《毛泽东珍品典藏》(下)收入了该手迹稿，浙江革命烈士诗文碑林主碑《蝶恋花·答李淑一》则据此刊刻。

三、"骄杨"版普及甚于"杨花"版

一位外国友人曾这样评价一代伟人毛泽东："一个诗人赢得了一个新中国。"毛泽东不仅"赢得了一个新中国"，而且还留下了许多影响深远的诗词。新中国成立后，毛泽东诗词一直是出版的热点。毛泽东诗词的版本很多，重要的如20世纪60年代的37首本，70年代的39首本、42首本，80年代的50首本，90年代的67首本等，这些版本基本上都以1963年人民文学出版社出版的《毛主席诗词》37首本为基础，逐渐增加一些新作而成。这些版本的广泛流行，使得毛泽东"骄杨"版的《蝶恋花·答李淑一》为社会广泛地接受。

"骄杨"版流行之广还有一个突出的因素是此版本《蝶恋花·答李淑一》由我国著名作曲家、音乐教育家李劫夫谱曲，使它成了一首具有高度艺术价值的歌曲，该曲深沉、委婉、旷达、激情，既有浓郁的民族风格，又表现了无产阶级革命家的情怀，为大众所喜爱。此外，京剧、评弹、川剧、湘剧、评剧等十几个剧种也为之谱曲，在社会上广泛传唱。

而"杨花"版的《蝶恋花·答李淑一》多出现于后来出版的毛泽东诗词手迹版本中，如1995年中南海画册编辑委员会编辑的《毛泽东诗词手迹选》、2001年中共中央文献研究室毛泽东研究组编辑的《毛泽东珍品典藏》(下)。这些版本，流传不是很广。

四、浙江革命烈士诗文碑林为何选择"杨花"版为主碑

毛泽东《蝶恋花·答李淑一》这首词，是悼念为革命而牺牲的杨开慧和柳直荀烈士，以情贯穿，主要突出悼念之情和颂扬之情，写得情思绵绵。这首词印证了毛泽东的词风偏于豪放，但也不废婉约。他以丰富的想象，借神话故事沟通天上人间，实现神与忠魂的结合，并让神来烘托忠魂。诗篇在追思两位烈士伟大的革命功绩，引起神、人共饮共敬的同时，又通过他们的忠

魂时刻关心中国革命、为革命成功而泪雨倾流的夸张性抒写，赞美了他们生死不渝的革命情怀与崇高的革命理想，同时也表达了诗人思念亲人与革命战友的悲痛之情。

这首词在社会上流传后，它不仅属于毛泽东个人，更属于人民，已升华为人民对革命烈士一种群体精神的缅怀和颂扬。正唯此，浙江革命烈士诗文碑林以《蝶恋花·答李淑一》为主碑，作为整个碑林的主旨和灵魂。

当然，碑林是社会公众教育的一种形式，在面向社会的公众教育中，其选材一般倾向采用权威部门认定的而公众也普遍认可的内容，这样容易与观众沟通，也可减少或避免一些不必要的争议。为此，有的观众提出浙江革命烈士诗文碑林选择社会上不是最流行的"杨花"版，是否有意标新立异？回答当然是不能苟同的。浙江革命烈士诗文碑林之所以选择"杨花"版是慎重的，是经过认真地斟酌和论证的。一是手迹页面形式上的取舍。此碑体是由中国美术学院设计的，该院根据地势、周围的环境以及碑林整体的布局，将此碑体设计为一块巨大的横 700 厘米、纵 180 厘米（不计基座）的横向矩形体。毛泽东"骄杨"版的《蝶恋花·答李淑一》（5 月 11 日稿）手迹是纵 8 行，页面为纵横比 4∶3 的略显纵向的矩形体，"杨花"版（9 月 1 日稿）的手迹是纵 15 行，页面为纵横比 3∶10 的横向矩形体。根据手迹页面形式与碑体形状相匹配而言，"杨花"版的手迹刻碑比较理想。二是从版本上来说，无论是"骄杨"版，还是"杨花"版在当今社会上都是公开正式出版的，是并存的。当然，以毛泽东的诗词刻碑，采用哪个版本是一个严肃、认真的事情，为慎重起见，浙江革命烈士纪念馆在付诸刻碑之前，对于"杨花"版手迹是否适合用于公开刊刻，不仅征询了浙江省委党史研究室的有关专家的意见，还向中共中央文献研究室致函问询，得到了他们的肯定答复。中献办发（2002）150 号答复如下："经研究，同意你馆使用中央文献出版社《毛泽东珍品典藏》（下）一书收录的毛泽东《蝶恋花·答李淑一》手迹，刊刻《蝶恋花·答李淑一》碑石。"三是从手迹稿整体上看，"骄杨"版有两处修改的痕迹，而"杨花"版则是整篇一气呵成。不过也有观众提出，有修改痕迹的毛泽东手迹稿也很有欣赏价值。当然，这是见仁见智了。

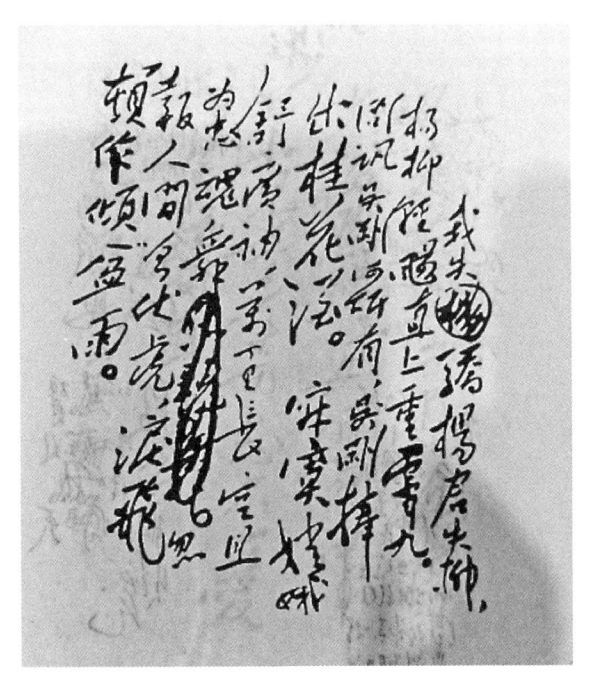

"骄杨"版《蝶恋花·答李淑一》手迹

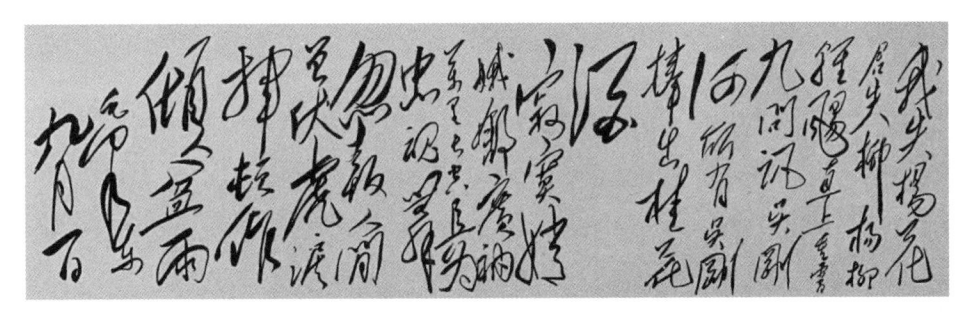

"杨花"版《蝶恋花·答李淑一》手迹

由此可见，《蝶恋花·答李淑一》手迹两个版本在社会上并存，也都适合公开展示，在这种情况下，浙江革命烈士纪念馆选择了与碑体形状比较吻合的《毛泽东珍品典藏》（下）一书收入的"杨花"版的手迹刻碑。毛泽东《蝶恋

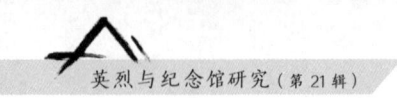

花·答李淑一》手迹主碑落成之后一直是观众的打卡点,发挥了很好的社会教育作用。

作者单位:浙江革命烈士纪念馆

参考文献

[1] 中共中央文献研究室毛泽东研究组编:《毛泽东珍品典藏》(下),中央文献出版社出版,2001年。

[2] 薛冲波主编、刘占义副主编:《毛泽东诗词联大观》,北京燕山出版社,1993年。

[3] 王树人:《毛泽东〈蝶恋花·答李淑一〉公开发表的前前后后》,《党史纵横》,2009年第4期。

[4] 韦行、韩音编:《毛泽东诗词歌曲选集》,中国广播电视出版社,1994年。

[5] 中献办发(2002)150号文件,浙江革命烈士纪念馆收藏。

关于陈策（文泽）烈士籍贯及相关事项的研究

吴焕根

摘要：1960年重庆人民出版社出版的《囚歌》一书发行以来，绝大多数革命烈士诗文选本都将陈策（文泽）烈士的籍贯由四川省合江县误为合川县（今重庆市合川区），甚至国家、省（市）级英烈网都出现了类似的失误。本篇通过查阅资料、到烈士原籍地了解，弄清出现失误的原因，并对烈士姓名及其使用、出生年月和牺牲时的年龄、参加新四军的时间等进行研究，提出意见和建议，以表达对先烈的敬仰和崇敬之情。

关键词：陈策（文泽）；烈士；籍贯；相关事项；研究

2016年6月，中共四川省委党史研究室编著出版的《四川革命烈士诗文选析》（以下称《选析》）一书，共收集四川籍或牺牲于四川（含重庆）的98位革命烈士的部分诗文遗作265首（篇）。阅读《选析》，令人心潮澎湃，热血沸腾。如火如荼的革命斗争、铁骨铮铮的革命烈士仿佛就在眼前，激励我们为实现中华民族伟大复兴的中国梦而不懈奋斗。

但是该书也有不足之处，如陈策（文

文泽烈士像（摄于白公馆）

泽）烈士的籍贯，由于没有很好地进行考证，将其由四川省合江县误为重庆市合川区。

三年后，中共重庆市委党史研究室编的《初心、使命、奋斗——巴渝革命烈士诗文选录》，仍将陈策烈士的籍贯误成重庆市合川区。①

本篇通过对部分革命烈士诗文集的记载、国民党集中营的档案和网站资料的查询分析，对陈策烈士籍贯及相关问题进行考证与探讨。

一、革命烈士诗文选集对陈策（文泽）的介绍

《选析》收录文泽诗一首《告别》，其生平事迹是这样介绍的：

文泽（1919—1949）：原名陈安磐，四川合川（今属重庆）人。1938年参加新四军，在政治部从事新闻工作。1939年加入中国共产党。1941年1月，"皖南事变"时被捕，先后囚于江西上饶、贵州息烽、重庆白公馆监狱。在狱中始终没有暴露身份，带头粉碎敌人制定的"联保连坐法"，多次策划越狱。1949年11月27日重庆解放前夕牺牲。②

根据这一介绍，陈策（文泽）烈士的籍贯是四川省合川县，即现在的重庆市合川区。

1960年4月，重庆人民出版社编辑出版的《囚歌》，收录了《告别》一诗，对作者介绍如下：

文泽同志，原名陈策，四川省合川县人，新四军政治干部。1941年1月

---

① 中共重庆市委党史研究室编：《初心、使命、奋斗——巴渝革命烈士诗文选录》："文泽，原名陈安磐，四川合川（今属重庆市合川区）人。"西南师范大学出版社，2019年，第199页。
② 中共四川省委党史研究室编著：《四川革命烈士诗文选析》，四川人民出版社，2016年，第358页。

皖南事变时被捕,先后因于上饶、息烽、重庆"中美特种技术合作所"白公馆集中营。1949年重庆解放前夕牺牲。在狱中始终没有暴露身分(份)。"告别"是他留下的唯一遗作,由越狱脱险同志携出。①

1978年1月,四川人民出版社重新出版了修订后的《囚歌》,对文泽的介绍大致相同。②

1979年9月由重庆"中美合作所"集中营展览馆编印的"重庆'中美合作所'集中营资料丛书之一"《革命烈士诗文选》(均为白公馆、渣滓洞牺牲烈士的诗文),收录了文泽的《天快亮的行凶》。该书对作者的生平介绍与《囚歌》基本相同;但特别说明,这首诗"以前曾用过《告别》,现在恢复了原来的标题"。③

在我国影响最大的由萧三主编、中国青年出版社出版的《革命烈士诗抄》(以下称《诗抄》),其最早版本(1959年4月第1版)未收录文泽的作品;1962年6月第2版收录了《告别》,对其生平介绍如下:

> 文泽:四川合川人,新四军政治干部。1941年1月皖南事变时被捕,先后因于上饶、息烽、重庆"中美特种技术合作所"白公馆集中营。1949年重庆解放前夕牺牲。在狱中始终没有暴露身分(份)。《告别》是他留下的唯一遗作,由越狱脱险同志携出。④

---

① 《囚歌》(重庆"中美特种技术合作所"集中营殉难革命烈士诗抄),重庆人民出版社,1960年,第49页。
② 叶挺等:《囚歌》,四川人民出版社,1978年,第33页。
③ 重庆"中美合作所"集中营展览馆:《革命烈士诗文选》,重庆市印制一厂印,1980年,第91页。
④ 萧三主编:《革命烈士诗抄》(合订本),中国青年出版社,1962年,第383页。

这个介绍明显运用了重庆 1960 年版《囚歌》的材料，只是省去了"原名陈策"几个字。该书以后各个版本，特别是 2011 年 11 月的第 4 版（《诗抄》和《诗抄续编》合编本），对文泽的介绍，除了更正了个别文字和标点外，其他均没有变化。

王庆华、厉华主编，重庆大学出版社于 1996 年 5 月出版的《黑牢诗篇——白公馆渣滓洞革命烈士诗文集》，收录了文泽的诗两首（《天快亮的行凶》《刽子手》），其中《天快亮的行凶》就是其他各书中的《告别》。对其生平有详细的介绍：

> 文泽（1918—1949），又名陈策，共产党员，四川合江县人。他出身贫苦，父母早亡，只读完小学便辍学了。他从小性格倔强，但天资聪颖，勤奋好学，尤爱文艺。1932 年在重庆巴蜀印刷社当学徒，开始文艺创作，常在报刊上发表新诗，具有革命思想。1935 年返乡担任小学教员。1936 年投入川军第二十八军饶国华部任文书，曾随部队在前线同日寇进行了英勇斗争。1938 年参加新四军，1939 年加入中国共产党。他作过政工干部，也从事过新闻宣传工作，他文字流利，善做群众工作。1941 年在"皖南事变"中被捕，坐牢 8 年，先后关押在江西上饶、贵州息烽、重庆白公馆看守所。狱中，仍不断写作，还与难友一起粉碎了敌人的"连坐法"，多次策划越狱。1949 年"11.27"大屠杀中殉难，时年 31 岁。①

《黑牢诗篇》对文泽的介绍就比较详细了，但是此处说他是四川合江县人，而非合川县人。

---

① 王庆华、厉华编：《黑牢诗篇——白公馆渣滓洞革命烈士诗文集》，重庆大学出版社，1996 年，第 56 页。按：厉华、王庆华主编的"红岩魂系列丛书之三"《囚歌》（共三册）也收录了上述两首诗，作者生平介绍与《黑牢诗篇》相同。兵器工业出版社，1997 年，中册第 16 页。

为庆祝中国共产党成立 90 周年,《诗刊》2011 年 7 月号上半月刊编成《革命烈士诗抄·珍藏版》。中华诗词研究院根据该期《诗刊》,附上了张同吾等人读后的相关文章,编辑成了《中华诗词研究丛刊(革命烈士诗抄专辑)》(以下称《诗抄专辑》)。上述两刊均收录了文泽的《告别》一诗,并介绍其生平:

> 文泽(1919—1949):四川省合川县人,新四军政治工作干部。1941 年 1 月皖南事变时被捕,先后囚于上饶、息烽、重庆白公馆集中营。1949 年重庆解放前夕牺牲。在狱中始终没有暴露身份。《告别》是他留下的唯一遗作,由越狱脱险同志携出。①

这个介绍是萧三主编《诗抄》的传承,但加上了生卒年月。

另外,李克寒选编的《革命烈士诗词精选》收录了《告别》一诗。作者生平介绍与《诗抄》一样,其名字后标注的生卒年月为"(?—1949)"。这说明编者已经发现其出生年份有不同的说法。②

张定远主编的《红岩·革命烈士诗抄》也收录了《告别》,作者的生平介绍与《诗抄》相同。③

朱军主编的《纤笔抒丹心——红岩英烈诗文选编》收录了《告别》一诗,在介绍作者生平时,对其籍贯是这样表述的:"文泽(1919—1949),原名陈策,四川合江人。"④

---

① 《诗刊》,2011 年 7 月号,上半月刊《革命烈士诗抄·珍藏版》,第 95 页;中华诗词研究院编:《中华诗词研究丛刊(革命烈士诗抄专辑)》,中国书籍出版社,2012 年,第 155 页。
② 李克寒选编:《革命烈士诗词精选》,中国广播电视出版社,1990 年,第 263、265 页。
③ 张定远主编:《红岩·革命烈士诗抄》,北京科学技术出版社,2012 年,第 217 页。
④ 重庆红岩革命历史博物馆编、朱军主编:《纤笔抒丹心——红岩英烈诗文选编》,重庆出版社,2019 年,第 6 页。

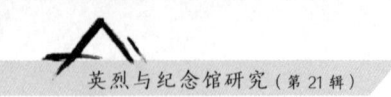

通过上述材料，我们可以对陈策（文泽）的生平进行如下梳理：第一，文泽，原名陈策，又名陈安磐（或原名陈安磐，又名陈策）；第二，他参加过新四军，在政治部从事过政治工作或新闻工作；第三，"皖南事变"中被捕，囚禁于江西上饶、贵州息烽、重庆白公馆等集中营；第四，1949 年在"11.27"大屠杀中牺牲。

至于其籍贯，则有两种不同的说法：

第一，合江县。王庆华、厉华的《黑牢诗篇》和《囚歌》（兵器工业版）、朱军《纤笔抒丹心》均认为其籍贯是合江县。合江县为四川省泸州市下属县，位于四川盆地南缘、川渝黔交界处，因长江与赤水河交汇而得名。

第二，合川县。《囚歌》（重庆版、四川版）、萧三《诗抄》、诗刊社《诗抄·珍藏版》、中华诗词研究院《诗抄专辑》、四川党史办《诗文选析》、重庆党史室的《诗文选录》等均认为是合川县，即现在重庆市的合川区。合川县因嘉陵江、渠江、涪江三江汇流而得名，位于重庆市西北。1992 年 8 月撤县设市，2006 年 10 月撤市设区。

"江"与"川"作为河流时，意思相近。因此当时同属四川省的"合江"与"合川"两县，很容易造成混淆。

二、上饶、息烽、白公馆三个集中营的有关资料

多年来，本着对革命先烈的崇敬，笔者先后参观过白公馆、渣滓洞、上饶集中营和息烽集中营。搜集和阅读大量革命烈士的诗文，从中发现了陈策（文泽）烈士籍贯说法不一的问题。

1. 上饶集中营

《上饶集中营人物名录》第一部分"被囚新四军干部名录"中，收录了"陈文泽"及其照片："原名陈磐安，又名陈策，四川合江人，1918 年

出生……"①

上饶集中营关押的新四军干部很多，时间不长，在该集中营纪念馆中，没有见到陈策（文泽）资料的原始记录。《上饶集中营人物名录》中有关文泽的介绍，显然是根据其他资料编写而成，所以在其化名前加了姓，文泽成了"陈文泽"。

2. 息烽集中营

《息烽集中营革命历史纪念馆故事》收录有《陈策的一生》一文。涉及其基本情况和参加革命的情况摘录如下："陈策，原名陈国柱，字安磐，后改名文泽，中共党员，1919年出生在四川省合江县大桥乡。父亲陈本实，是一名小学教师，在陈策很小的时候父亲就去世了。从此家道路中落，母亲含辛茹苦拉扯他和妹妹，生活艰难。幸得舅舅贾迪之经常资助，勉强维持生活……陈策6岁时，由舅父贾迪之资助上私塾。高小毕业后到重庆报考中学，但因交不起学费而未能入学。经舅父介绍到巴蜀印刷社当学徒。他一边工作，一边学习写作，常在重庆的报纸上发表充满激情的新诗，因而被印刷社辞退，回到合江当了一名乡村小学教师。1936年辞职去成都，在川军二十八军饶国华部当文书。1937年底，饶部奉命出川抗战，陈策随军驻扎安徽青阳。1938年脱离饶部投奔新四军，在军部机关从事新闻工作（有资料说他曾在新四军中当过连指导员，1939年在新四军中加入中国共产党）。1941年，国民党制造了震惊中外的'皖南事变'，陈策随军行动被捕，关押在上饶集中营；在'甄别'中，其党员身份被发现，而转押至息烽集中营。1946年7月22日，息烽集中营撤

---

① 张龙耀主编、蔡水泉撰文：《上饶集中营人物名录》，中国旅游出版社，2011年，第71页。按：该书于2008年12月出第1版，笔者手头为2011年3月第2版。除将文泽误为"陈文泽"外，"其诗稿（指《告别》——吴注）手迹后由越狱难友带出，收录于《革命烈士诗抄》（中国青年出版社1959年3月出版）等多本书中"一说也存在误处：第一，萧三主编、中国青年出版社出版的《革命烈士诗抄》第1版为1959年4月；第二，收录文泽《告别》一诗的是《革命烈士诗抄（增订本）》，为与原书相衔接，该书版本标为"1962年6月北京第2版"。

销，被转押至重庆白公馆。1949 年 11 月 27 日，陈策高唱《国际歌》，慷慨走向刑场，英勇就义，年仅 30 岁。"①

3. 重庆白公馆集中营

2023 年 6 月 23 日，笔者再次到白公馆、渣滓洞参观，缅怀革命先烈，在白公馆展出的一系列图片中，见到 4 张文泽的图片。

第一幅，文泽的半身军装照片（见本篇首页）。说明为："文泽（1919—1949），四川合江人。1939 年加入中国共产党。1938 年在新四军政治部从事新闻工作。1941 年在皖南事变中被捕，先囚禁于江西上饶、贵州息烽，后转押于重庆白公馆。积极参与狱中斗争，多次策划越狱，努力学习，积极写作。1949 年 11 月 27 日牺牲于白公馆大屠杀。"

这段说明比较简洁，内容与息烽集中营的介绍基本一样。

文泽狱中给舅舅的信

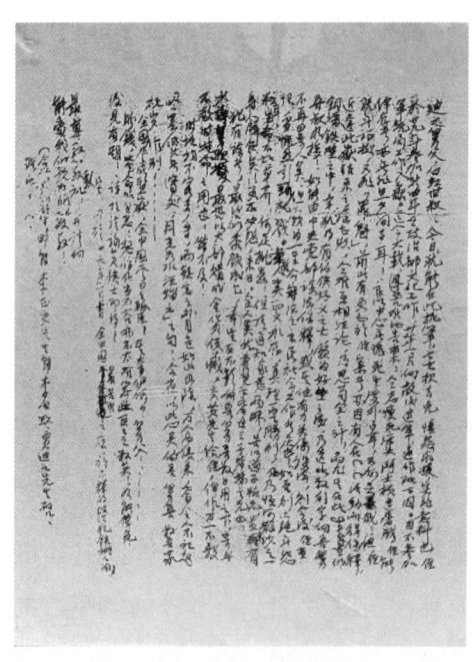

第二、三幅为《文泽狱中给舅舅的信》和《文泽狱中给妹妹的信》。其中给妹妹的信不止一页，仅展出首页。

第四幅，《文泽狱中借书卡》，记载了他从民国三十六年（1947 年）11 月 17 日起至第二年 4 月 8 日借阅的书籍。

---

① 袁萍主编：《息烽集中营革命历史纪念馆故事》，南京出版社，2019 年，第 108—110 页。另可参见贵州省政协文史与学习委员会、贵阳市政协文史与学习委员会、息烽县政协文史资料委员会编：《军统魔窟——息烽集中营》关于烈士的介绍，贵州人民出版社，1999 年，第 239 页。

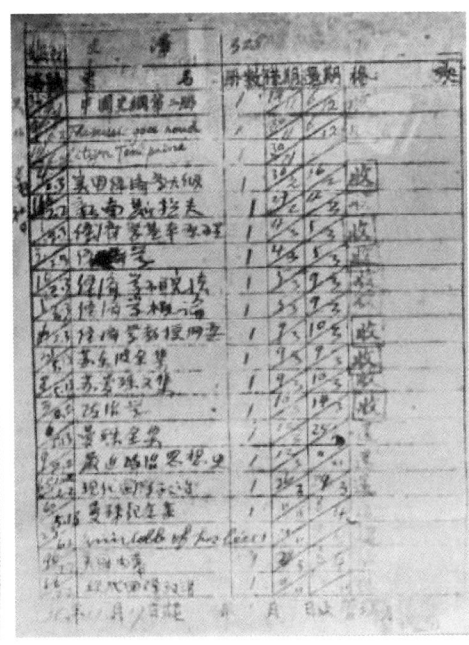

文泽狱中给妹妹的信　　　　　　　　文泽狱中借书卡

三、家乡泸州市档案馆和中华英烈的记载

1. 泸州市档案信息网（泸州档案）

在泸州市档案馆官网查询到，钟建萍于 2017 年 4 月 5 日发表的《一九四七年文泽狱中家书》一文。该文包括三个部分：

第一，文泽烈士遗像。该图是文泽一张身着戎装的站立照片，腰系武装带，斜挎驳壳枪，英姿挺拔。其身边有两盆花，右边一盆放在齐腰高的花架上，左边一盆放在一个很低的花架上。

第二，烈士简介。共两段文字，第一段为：

> 文泽，原名陈策，四川合江人。1939 年参加革命。新四军政工人员，从事新闻工作。1941 年，皖南事变中被捕，辗转押到重庆，又转押息烽，最后又转押白公馆，辗转拘禁达八年以上。他稳站立场，坚贞不屈。1949 年 11

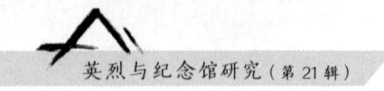

月27日，重庆解放前夕，被害于磁器口。

其中，"辗转押到重庆，又转押息烽，最后又转押白公馆"的表述，与一般说法不符。

第三，烈士狱中家书。这是一封给迪之舅父和白虹世叔的信：

迪之舅父、白虹世叔：
　　今日犹能在此执笔，妄报吉凶，凄怨求援，实非意料也，侄于廿九年参加新四军口政治部文化工作，卅年一月向敌后进军，遂作阶下囚。因不参加军统局工作入狱。迄今六载，苦辱难比告禀：同志瘦[瘐]死床头，斗士横遭屠戮，侄能幸存者，亦无非旦夕间事耳！良以中心[心中]无愧，死生度外事耳！又何足畏哉！①

此信落款为"安口于卅六年二月七日全中国最苦难之夜于不释的政治犯铁栅之内"。最后一列是"(……转李正交先生转李白虹、贾迪之先生启，陈安口)"。因此，其署名似为"安磐"和"陈安磐"。此信写于民国卅六年即1947年2月7日（农历丁亥年正月十七日），地点在白公馆（息烽集中营的囚犯于1946年7月转至白公馆）。时值新春正月，集中营里又不是随时可以写信的地方，所以作者有许多感慨。

另外，重庆市合川区党史、档案等部门（单位）没有关于陈策（文泽）烈士的记载。

2. 中华英烈网

中华英烈网是革命烈士名录最为齐全和权威的官方网站，由退役军人事务部主管（原由民政部优抚安置局主办）。该网站上的烈士以行政区划（到县一

---

① 该段文字是笔者根据对书信手稿的反复辨认，重新摘录的。其复制件展示于白公馆。

级）为单位登记。在合江县"烈士英名录"的第一页，可以查到陈策烈士，照片是一张半身军装像。出生日期：1918年3月，籍贯：四川省，政治面貌：中共党员，生前职务：新闻工作，牺牲日期：1949年11月27日，牺牲原因：不详，牺牲地点：重庆，安葬地点：不详。烈士事迹如下：

陈策烈士又名陈安磐，文泽是他参加革命后的化名，生于一九一八年三月，合江县三桥乡罗塝人，父母不幸早逝，得舅父资助毕业于二里联立小学。一九三二年春去重庆巴蜀印刷社当学徒，这时陈策就开始写作，常于报尾发表新诗，充满革命理想。一九三六年秋到二十八军担任文书，一九三七年冬随部队到抗日前线同日军作战。一九三八年六月回到安徽省南陵县休整。一天晚上，陈策约好同乡士兵杨绍清，二人一路走了六七十华里，到达泾县茂林村参加新四军。在新四军政治部担任新闻工作。一九三九年五月参加中国共产党。一九四一年一月"皖南事变"被捕，最后转押重庆白公馆，先后坐了八年多的牢，直到一九四九年"一一·二七"殉难。在漫长的监狱中，敌人曾用威胁和利诱手段，叫他参加反人民的工作，都被他严正地拒绝了。在牢中仍不断写诗，抒发革命豪情，临刑时，他高唱国际歌，呼口号，声音特别响亮。

三桥乡即如今合江县大桥镇的一部分。1992年，三桥乡与旭照、牛脑驿乡合并为大桥乡，2002年8月撤乡建镇。位于县城西边、长江南岸。

中华英烈网在重庆市合川区"烈士英名录"第5页第5行，有一名文泽（又名：陈泽）烈士。照片栏为人民英雄纪念碑和"永垂不朽"几个字。性别：男，出生日期：1920年，籍贯：重庆市，政治面貌：不详，生前职务：政工干部，牺牲日期：1949年11月，牺牲原因：不详，牺牲地点：重庆中美合作所，安葬地点：不详。烈士事迹，仅一句话："1949年11月27日在重庆中美合作所牺牲。"

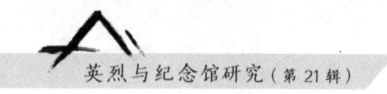

3. 四川英烈网和重庆市有关网站

四川英烈网是四川省各级退役军人事务管理机构设立后建立起来的网站，由四川省退役军人事务厅主办，四川省烈士纪念设施保护中心（四川省烈士遗骸搜寻鉴定中心）承办。登记的烈士姓名按籍贯分为四川省内和四川省外两个部分，其中省内部分可以"按市州查看"。在泸州市革命烈士名录部分的第3页第4行，可以查到陈策烈士。照片栏中是一块"陈策烈士之墓"的墓碑，而不是他的照片。其基本信息如下，性别：男，籍贯：四川省泸州市合江县，政治面貌：中共党员，出生日期：1918；生前情况，生前单位：新四军，生前职位：政治工作人员，立功情况：空；牺牲情况，牺牲时间：1949，牺牲战役：皖南事件被捕牺牲，牺牲地点：重庆，安葬地：泸州市合江县。烈士事迹介绍与中华英烈网相同。

重庆市退役军人事务局官网"风采展示—烈士英名录"，收录了大量的英烈名单，上传时间是2023年3月28日，来源为褒扬纪念处。由于未注明排列方式和搜索方式，找不到文泽或陈策的姓名。搜索"2023重庆英烈纪念堂网上祭扫方式"，进入同样由该局主办的"重庆英烈纪念堂"网站，站中标明英烈人数17 256名，搜索栏中输入"文泽"，跳出两个"文泽（又名：陈泽）"，其中一个发布时间为2021年11月25日，一个发布时间为2023年3月27日，只多了一句"1949年11月27日在重庆中美合作所牺牲"。点击进入，两个页面完全一样，介绍的内容与中华英烈网相同。

比较中华英烈网、四川英烈网和重庆英烈纪念堂网站上陈策（文泽）烈士与文泽（又名：陈泽）烈士的情况，笔者以为，合川区的这位文泽（又名：陈泽）烈士，应该就是合江县的陈策（文泽）烈士。由于许多的烈士诗文集将文泽误认为合川区人，于是就有了这样的误会。

四、关于陈策（文泽）烈士籍贯的结论和其他几个问题

通过上述考证，可以得出如下结论：陈策（文泽）烈士的籍贯是四川省泸

州市合江县，具体说他是合江县大桥镇人。多种革命烈士诗文集，说他是重庆市合川区人，显然错了。编著《选析》一书的四川省委党史研究室，也将其籍贯错成重庆市合川区，只能说非常遗憾了。

至于出错的起因和发展情况：首先，1960年4月重庆人民出版社编辑出版的《囚歌》将陈策（文泽）的籍贯错成合川县；其次，萧三主编、中国青年出版社于1962年6月出版的第2版《诗抄》（该版对第1版内容进行了较大的扩充）步其后尘；第三，由于萧三主编的《诗抄》具有较高的权威性和普及性，所以后来绝大多数革命烈士诗文选本，都采用了这一说法。

好在息烽集中营革命历史纪念馆、红岩革命历史博物馆，以及泸州市、合江县的党史、档案部门，本着对烈士、对历史的尊重，忠实记录下了烈士的生平事迹，尤其是籍贯，使得烈士得以魂归故里。

早在1996年5月，王庆华、厉华主编、重庆大学出版社出版的《黑牢诗篇》，直接从纪念馆的资料中选取诗文和作者生平事迹，纠正了这一失误。可惜《黑牢诗篇》的影响不及《诗抄》，因而20年后出版的《选析》以及《初心、使命、奋斗——巴渝革命烈士诗文选录》两书还是没有得到更正。

笔者建议，四川省、泸州市或合江县党史、退役军人事务、档案等部门，需考证一下上述情况，与重庆市合川区的相关部门进行对接，对中华英烈网等网站的部分内容予以订正；同时建议有关部门和单位在编选革命烈士诗文集时，对文泽烈士的生平事迹，要根据当地党史、退役军人事务、档案等部门的资料进行编写，以便做到准确记载。

关于陈策（文泽）烈士，还有几个方面的不同说法，需要说明或进一步考证：

第一，关于其姓名及使用。

按照中华英烈网的说法，文泽是他参加革命后的化名，各处资料说他"在狱中始终没有暴露身份"也可证明这一点。从他给妹妹信中"我在新四军政治部的名字是陈策"和最后一句为"安磐于午夜四床上疾书"看，他参加新四军

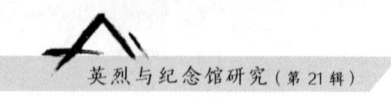

后才使用了陈策这一名字。①

综合各种资料，他姓名的变化大致如此：原名陈国柱，字安磐，参加新四军后更名为陈策，被捕后化名为文泽。

对于他的姓名的使用，笔者的意见是，诗文选集中，用"文泽"是可以的，因为在狱中他一直使用这一名字；在正式场合特别是作为革命烈士时，应该使用"陈策"或"陈安磐"。中华英烈网和合江烈士陵园网上祭奠网页就用"陈策"。查阅四川省退役军人事务厅官网"政务服务—四川省革命烈士"栏目，陈策的革命烈士证号为"1949 川烈字第 000242 号"。

第二，关于其出生年月和牺牲时的年龄。

中华英烈网记录他生于 1918 年 3 月，《黑牢诗篇》也说生于 1918 年，据此推算，陈策牺牲时 31 岁。但是《选析》《诗抄专辑》等选本说他出生于 1919 年，因而牺牲时为 30 岁。重庆市合川区的文泽（又名：陈泽）烈士，出生年月是 1920 年，时间又不同。有的选本在介绍其生平时干脆不再注明。笔者以为，出生于 1918 年应该是准确的，牺牲时 31 岁。严谨起见，关于其出生年月，可查阅当地陈氏家族谱，以待进一步考证。

第三，关于其参加新四军的时间。

《选析》《黑牢诗篇》、中华英烈网等都认为他是于 1938 年参加新四军，有的甚至描述了详细的情节。

白公馆展出的《文泽狱中给舅舅的信》中说："侄于廿九年参加新四军口政治部文化工作，卅年一月向敌后进军，遂作阶下囚。因不参加军统局工作入狱。迄今六载，苦辱难比告禀：仝（同）志瘦［瘐］死床头，斗士横遭屠戮。""廿九年"应是民国二十九年，即 1940 年；相应地，"卅年一月"即 1941

---

① 《给妹妹的信》（1946 年 5 月 10 日）："第七，我在新四军政治部的名字是陈策，你们记好，万一果如我最坏的想法，天命而亡，到中国自由的一天，你可向中共伸雪去！求助去！"转引自朱军主编：《纤笔抒丹心——红岩英烈诗文选编》，重庆出版社，2019 年，第 109 页。按：该信的第一页，展陈于白公馆。

年1月，皖南事变发生，"遂作阶下囚"。"迄今六载"，从1941年1月到1947年2月，刚好满6年。

从此信中看出他参加新四军（政治部）工作的时间为1940年。或许他参加新四军后在基层或其他单位先工作了一段时间，但需要相关资料的证实。

第四，关于《告别》一诗的标题和是否为其留下的唯一遗作。

《告别》一诗最早出现在重庆人民出版社1960版的《囚歌》。"'告别'是他留下的唯一遗作"也出于此书。《诗抄》等选本就一直沿用这个标题和说法。《黑牢诗篇》以《天快亮的行凶》为标题，还收录了《刽子手》一诗。1979年9月，重庆"中美合作所"集中营展览馆编印的《革命烈士诗文选》，对这首诗专作说明："以前曾用过《告别》，现在恢复了原来的标题。"从该说明看，这首诗的标题应该是《天快亮的行凶》，而且这不是作者留下的唯一遗作（还有《刽子手》一诗）。

革命烈士为了国家独立、民族解放和人民幸福，牺牲了自己宝贵的生命，给我们留下了巨大的精神财富。对于他们的生平、事迹、作品、史料等，不能遗忘，更不能搞错，这样才能体现对英烈的尊重和对大众的真实传播。作为后人的我们应当好好地予以保存和研究，尽可能搞清楚，用以教育当代和今后无数代人特别是青少年，以激发大家更好地继承先烈遗志，在新时代实现中华民族伟大复兴中国梦的征程中，努力学习、努力工作、努力奋斗！

作者单位：中共杭州市萧山区委机构编制委员会办公室退休干部

参考文献

[1] 重庆人民出版社编：《囚歌（重庆"中美特种技术合作所"集中营殉难革命烈士诗抄）》，重庆人民出版社，1960年。

[2] 萧三主编：《革命烈士诗抄》（合订本），中国青年出版社，1962年。

[3] 叶挺等：《囚歌》，四川人民出版社，1978年，第33页。

[4] 重庆"中美合作所"集中营展览馆编：《革命烈士诗文选》，重庆市印制一厂，1980年，第91页。

[5] 王庆华、厉华编：《黑牢诗篇——白公馆渣滓洞革命烈士诗文集》，重庆大学出版社，1996年。

[6] 厉华、王庆华编：《红岩魂系列丛书》，《囚歌》，兵器工业出版社，1997年。

[7] 文泽：《告别》，《诗刊》（热烈庆祝中国共产党成立九十周年 革命烈士诗抄 珍藏版），2011年07月号上半月刊。

[8] 中华诗词研究院编：《中华诗词研究丛刊（革命烈士诗抄专辑）》，中国书籍出版社，2012年。

[9] 李克寒选编：《革命烈士诗词精选》，中国广播电视出版社，1990年。

[10] 张定远主编：《红岩·革命烈士诗抄》，北京科学技术出版社，2012年。

[11] 中共四川省委党史研究室编：《四川革命烈士诗文选析》，四川人民出版社，2016年。

[12] 中共重庆市委党史研究室编：《初心、使命、奋斗——巴渝革命烈士诗文选录》，西南师范大学出版社，2019年。

[13] 重庆红岩革命历史博物馆编，朱军主编：《纤笔抒丹心——红岩英烈诗文选编》，重庆出版社，2019年。

[14] 张龙耀主编：《上饶集中营人物名录》，中国旅游出版社，2011年。

[15] 贵州省政协文史与学习委员会、贵阳市政协文史与学习委员会、息烽县政协文史资料委员会编：《军统魔窟——息烽集中营》，贵州人民出版社，1999年。

[16] 袁萍主编：《息烽集中营革命历史纪念馆故事》，南京出版社，2019年。

佘立亚在上海事迹述考

李中政

摘要：佘立亚于1926年3月受党组织派遣来到上海工作，1927年5月牺牲，享年30岁。佘立亚在上海工作短短一年多时间内两次被捕入狱，并最终遭到反动军阀的"腰斩"酷刑。以往关于佘立亚的研究多侧重于回忆材料，而他在上海的两次被捕时间记载存在较大差异。传统党史认为佘立亚于1926年9至12月在担任小沙渡部委书记时，兼任吴淞独支书记，但据笔者考证，佘立亚并未兼任吴淞独支书记一职。本篇以《上海革命历史文件汇集》和相关媒体报道材料为依托，进行系统梳理，补充、修正完善烈士短暂而光辉的一生相关史料。

关键词：佘立亚；王炎夏；王二富；黄炎夏

佘立亚，湖南长沙人，1897年生。1925年从苏联回国，1926年3月到上海工作，化名王炎夏、王二富，报刊史料也见黄炎夏、余利亚、佘立亚等名字，先后任上海铁路总工会委员长、吴淞独立支部书记、小沙渡部委书记、沪西部委书记、江浙区委委员、职工运动委员会委员。"四一二"反革命政变后被反动军阀逮捕并处以"腰斩"酷刑，血洒枫林桥。1927年5月30日，上海总工会专门在《平民日报》第76期出版"满江红"纪念特刊《我们的战士》，

---

① 本文系国家社科基金"英国驻华外交档案中的中国共产党史料整理与研究（1920—1936）"（项目编号：23BDJ059）的阶段性研究成果。

刊登了为上海工人运动牺牲的四位烈士刘华、陶静轩、汪寿华、佘立亚的遗像，未刊登烈士生平资料。研究佘立亚较早的有《佘君立亚事略》①、林之木的《佘立亚》②及相关传记等。本文结合《上海革命历史文件汇集》和新近发现的早期媒体报道材料，本文对佘立亚在上海工作期间的相关史料进行了系统的梳理和修正，以此缅怀烈士短暂而光辉的一生。

一、来上海工作前

佘立亚，出身于一个富裕的家庭，毕业于革命气氛浓厚的长沙明德中学。1919年，为了追求实业救国，毅然"抛妻别子"自费赴法勤工俭学，进入工厂拜工人为师。1922年6月18日在巴黎西郊的布罗尼森林，赵世炎、周恩来、陈延年、陈乔年、尹宽、王若飞、李维汉、李富春、佘立亚等人一起成立了"中国少年共产党"③。根据中共中央指示，1923年3月18日，赵世炎率领王若飞、陈延年、陈乔年、佘立亚等12人赴莫斯科东方劳动大学学习，佘立亚和王若飞、颜昌颐等6人为一组，佘立亚为组长。④佘立亚在学习马列主义的同时，还拜铁路工人为师学会了开火车。五卅运动爆发后，佘立亚奉调回国。回国后，佘立亚于1925年9月3日任新成立的团郑州地委书记兼组织训练部长，明确提出思想系统化、行动纪律化、个性集体化工作设想。⑤后因革命工作需要，于1926年3月来上海，先后在吴淞和小沙渡任职。

---

① 中央档案馆：《中共党史资料丛书（资料选辑）》，中共中央党校出版社，1983年，第162页。
② 中共郑州市委党史工作委员会、郑州市民政局编：《郑州革命史人物传 第1集》，1988年，第30页。
③ 中央团校青运研究室编：《中国新民主主义革命时期青年运动简史》，1981年，第45页。
④ 郑名桢主编：《留法勤工俭学运动》，山西高校联合出版社，1994年，第237页。
⑤ 《河南革命历史文件汇集（1923—1926）》，中央档案馆、河南省档案馆编，1983年，第48页。

二、在吴淞、小沙渡任职期间

佘立亚到上海工作后，1926年3月任上海铁路总工会委员长[1]，即着手开展铁路工作，前往杭州巡视，于3月24日向上海区委和全国铁路总工会提交了《关于巡视杭州工作情况的报告》[2]，署名佘立亚（王炎夏）。佘立亚对于组织铁路工人俱乐部进行了深入思考，并提交了详细计划。4月，佘立亚接替王警东出任吴淞独支书记[3]，兼管铁路工作。4月6日，佘立亚提交了《沪宁、沪杭两路工作计划》，在报告中对两路工友的基本状况、铁路工人协进会、吴淞机厂友谊社等基本情况进行了描述，提出了友谊社、报纸、铁路工人学校等方面的具体计划，并富有远见地指出：吴淞为沪宁的大本营，闸口为沪杭的大本营。先把吴淞的基础稳固，即可影响到整个沪宁路，同时还可影响到沪杭路。然后在闸口打好基础，沪杭路就可以全面推广。[4]这些论断为吴淞铁路工人在上海工人三次武装起义中的先锋作用奠定了一定的基础。7月4日，佘立亚经过详细调研和深入思考，向上海区委提交了《吴淞独支三个月铁路工作报告》[5]，对吴淞三个月铁路相关工作进行了详细阐述。在佘立亚提交的几份工作报告中，均体现了佘立亚宏观设计与落地落细计划并举的特点，思维严密、工作能力出众。

---

[1] 上海市委组织部、市委党史资料征集委员会、市委党史研究室、市档案馆：《中国共产党上海市组织史资料（1920.8—1987.10）》，上海人民出版社，1991年，第59页。
[2] 中央档案馆、上海市档案馆：《上海革命历史文件汇集（上海各群众团体文件1924—1927）》，1988年，第138页。
[3] 上海市委组织部、市党史资料征集委员会、市党史研究室、市档案馆：《中国共产党上海市组织史资料（1920.8—1987.10）》，上海人民出版社，1991年，第59页。
[4] 中央档案馆、上海市档案馆：《上海革命历史文件汇集（杭州、嘉兴、绍兴、温州地区1925—1927）》，1988年，第56页。
[5] 中央档案馆、上海市档案馆：《上海革命历史文件汇集（上海区委各部委文件1925—1927）》，1987年，第559页。

1926年7月31日，佘立亚被吴淞商埠警察局逮捕①，后经组织营救出狱。由于小沙渡部委书记郭伯和被捕，经时任上海总工会委员长汪寿华提议，经过区委多次酝酿，在1926年9月17日上海区委全体委员会议上，决定由佘立亚接替郭伯和任小沙渡部委书记②。1926年9月20日，上海区委召开小沙渡日厂罢工总结批评会，赵世炎、罗亦农、汪寿华、王炎夏、陶静轩等参加。这是在上海区委会议记录中，佘立亚第一次使用王炎夏化名，但发言时仍记作佘立亚③。在1927年1月4日召开的上海区委全体委员会议上，成立了新的上海职工运动委员会，成员有李泊之、何松林、郑覆他、顾顺章、龙大道、佘立亚、帅朝吟、王承伟。④1927年2月15日在当时属于宝山县境的真如镇召开的江浙区第一次代表大会上，佘立亚以小沙渡代表参加大会，并同赵世炎、罗亦农、汪寿华等一起当选为区委委员、职工运动委员会委员⑤。佘立亚在小沙渡的工作得到了区委的高度认可。区委书记罗亦农在1927年2月26日、27日分别在两次特务会议上说："党的内部，小沙渡较好，其余都不大好"、"小沙渡佘立亚工作较好"。⑥上海工人第三次武装起义胜利后，1927年3月29日举行临时市政府委员就职典礼，临时市政府成立。在成立仪式上，佘立亚（记作黄炎夏）代表总工会代表发表演说⑦。佘立亚在1927年4月3日举行的沪西区

---

① 《吴淞贫民学校教员被逮》：《时报》，1926年8月1日，第1张第3版。
② 中央档案馆、上海市档案馆：《上海革命历史文件汇集（上海区委会议记录1926.7—9）》，1989年，第441页。
③ 中央档案馆、上海市档案馆：《上海革命历史文件汇集（上海区委会议记录1926.7—9）》，1989年，第427页。
④ 中央档案馆、上海市档案馆：《上海革命历史文件汇集（上海区委会议记录1926.12—1927.2)》，1990年，第257页。
⑤ 中央档案馆、上海市档案馆：《上海革命历史文件汇集（中共江浙区第一次代表大会有关文件)》，1990年，第24、205、242页。
⑥ 中央档案馆、上海市档案馆：《上海革命历史文件汇集（上海区委会议记录1926.12—1927.2)》，1990年，第547、568页。
⑦ 《临时市政府昨日成立》，《时事新报》，1927年3月30日，第3张第1版。

市民代表会上发表演说,并当选为执行委员①。"四一二"反革命政变发生后,上海总工会于1927年4月13日在闸北青云路举行群众大会,佘立亚主持会议(记作王二富),报告了开会意义。②

三、关于两次被捕及牺牲时间

佘立亚曾分别于1926年在吴淞、1927年在小沙渡两次被捕。关于佘立亚的第一次被捕,传记中记录是在1926年5月底。当时,佘立亚决定利用纪念五卅惨案一周年的时机,由"友谊社"出面组织一场游艺晚会。在晚会上,佘立亚作了纪念五卅运动的讲演,并演出了一幕新剧《鸣不平》。不料,英籍厂主得到了消息,带着20多名武装警察冲进了"友谊社",佘立亚被捕③。但根据新发现的当年新闻媒体报道材料,结合《上海革命历史文件汇集》中关于佘立亚的相关资料,可以肯定佘立亚并非在原先认为的时间被捕,而是在1926年7月31日被捕。1926年5月29日,上海召开各部委特别会议,吴淞部委汇报道:"昨晚俱乐部开,武装警察来威吓",并无提及有人被捕事宜。④佘立亚在《吴淞独支三个月工作报告》中写道:五卅纪念会时,被20名武装警察将游艺会停止,抄去友谊社的名单,也未提及有人被捕⑤。并且这篇报告对吴淞三个月铁路相关工作进行了详细阐述——吴淞地区范围较小,警察管控措施较为严格,经常对吴淞平民学校以及佘立亚等党员的住址进行监视和搜查,还有宏观设计与落地落细计划并举,符合佘立亚思维严密的

---

① 《沪西市民代表大会纪》,《新闻报》,1927年4月4日,第4张第2版。
② 《纠察队缴械之后闸北工人游行枪杀》,《时报》,1927年4月14日,第2张第5版。
③ 《佘立亚(1902—1927)》,中华人民共和国民政部编:《中华著名烈士(第二卷)》,2000年,第301页。
④ 中央档案馆、上海市档案馆:《上海革命历史文件汇集(上海区委会议记录1926.4—6)》,1989年,第172页。
⑤ 中央档案馆、上海市档案馆:《上海革命历史文件汇集(上海各部委文件1925—1927)》,1988年,第566页。

特点。

第一次被捕确切时间应为 1926 年 7 月 31 日。根据《时报》1926 年 8 月 1 日、2 日对此的连续报道，7 月 31 日因日资华丰纱厂告密，佘立亚被吴淞商埠警察局派警拘捕。拘捕时报道名字为"石立亚"，经警察局长初步讯问后，即送淞沪警察厅。佘立亚被捕后，吴淞地方人士鉴于平民学校的良好声誉，积极行动，请求将其释放。被捕第二天，警察已经得知其真实姓名为佘立亚，在其身边抄出的《新青年》、《向导》等共产主义印刷品七八种，基本可以证实其身份①。被捕当天，上海区委即得到了消息。区委书记罗亦农在当日举行的上海区委主席团临时会议上指出：现在上海政治情形很不好，帝国主义、反动军阀加大力度破获共产党机关，吴淞佘立亚被捕②。佘立亚被捕后，党组织即开始积极营救佘立亚等同志，在 8 月 3 日上午举行的上海区委主席团会议上，区委指出，"经过营救，郭伯和今天估计可以获释，但佘立亚的情况比较困难，因为他被捕时抄出的材料较多。目前，小沙渡、吴淞党组织主要领导空缺，需要赶快派人。小沙渡已暂时请陈之一代理书记，由上海区委主管组织工作的赵世炎经常去指导。吴淞由上海区委宣传部主任尹宽去一趟进行善后工作。"③佘立亚被捕后，负责中共中央机关刊物《向导》编辑工作的郑超麟，在 1926 年 8 月 22 日《向导》周报上撰文指出，负责吴淞平民学校工作的"教员佘立亚"，被日商华丰纱厂诬告煽动该厂工人罢工，于 7 月 31 日被吴淞商埠警察逮捕，当日即解往淞沪警察厅。警察厅就以在佘立亚住处搜获得《新青年》《向导》等为证据。④通过上述分析，可以肯定佘立亚在 7 月 31 日被捕。佘立亚后经组

---

① 《吴淞贫民学校教员被逮》，《时报》，1926 年 8 月 1 日第 1 张第 3 版。《吴淞贫民学校教员被逮别讯》，《时报》，8 月 2 日第 2 张第 3 版。
② 中央档案馆、上海市档案馆：《上海革命历史文件汇集（上海区委会议记录 1926.7—9）》，1989 年，第 194 页。
③ 中央档案馆、上海市档案馆：《上海革命历史文件汇集（上海区委会议记录 1926.7—9）》，1989 年，第 211 页。
④ 郑超麟：《最近之白色恐怖》，《向导周报》第 168 期，1926 年 8 月 22 日，第 1689 页。

织营救出狱，这是第一次被捕确切时间。

第二次被捕确切时间是 1927 年 4 月 28 日。关于第二次被捕，传记记录为"四一二"反革命政变发生后，面对白色恐怖，佘立亚仍以沪西区工联主任的身份，坚持地下斗争，巧妙地与特务、叛徒周旋，5 月下旬的一天，沪西区工联及党的机关所在地突然被特务包围，佘立亚和其他工会同志不幸被捕①。实际上，这次佘立亚被捕是在 4 月 28 日，当时的上海区委会议记录已经给出了确定性答案。1927 年 4 月 29 日上午九时召开上海区委各部委书记会议时，沪西部委②汇报道：4 月 28 日，沪西部委交通机关被破获，共逮捕 5 人，佘立亚、部委军事负责人、地下交通员和部委主席团 2 人。会议即决定由原小沙渡部委书记郭伯和代理沪西部委书记，立即前去小沙渡开展工作。③在当日晚上召开的上海区委主席团会议上，郭伯和报告道：今天下午二时，他去小沙渡召集部委全体会议，经过讨论认为这次被捕完全归因于部委秘密工作做得不够好，因为开会时工人太多引人注目。巡捕房遂派大批包探和巡捕前去，破获后才知道是共产党机关。共逮捕 9 人，主要证据是沪西部委通讯录、告商人书和"五一"传单等。被捕后当即扣押在戈登路巡捕房，今天押往法院，明天上午 10 时开庭审理。④从这两天的会议记录看来，佘立亚于 1927 年 4 月 28 日被捕应该没有疑问。

虽然未能找到从开庭审理到牺牲时间的确切材料，但根据相关资料分析，由于法院在 4 月 30 日才开庭审理，因此可以推断佘立亚牺牲时间应该在 5 月

---

① 《佘立亚（1902—1927）》，中华人民共和国民政部编《中华著名烈士（第二卷）》，2000 年，第 303 页。
② 沪西部委是 1927 年 3 月 7 日由小沙渡和曹家渡部委合并而成。中央档案馆、上海市档案馆：《上海革命历史文件汇集（上海各群众团体文件 1924—1927）》，1988 年，第 366 页。
③ 中央档案馆、上海市档案馆：《上海革命历史文件汇集（上海区委会议记录 1927.3—5）》，1990 年，第 603 页。
④ 中央档案馆、上海市档案馆：《上海革命历史文件汇集（上海区委会议记录 1927.3—5）》，1990 年，第 607—608 页。

份的某一天。这一推断主要依据的是1927年《上海人道互济会调查四月十三日纠察队被难、被捕和受伤者名单》中的记载，其中明确提到王炎夏"被捕至司令部后，死时高呼口号，被腰斩"[1]。《上海人道互济会调查一九二七年四五月份被难、被捕和受伤者名单（1927年5月）》记载"王炎夏，男，部委书记"[2]。《上海总工会呈第四次全国劳动代表大会的报告书》记载道："四一二"反革命政变发生以后，"负责同志被捕遇害的有虹口工联主任何大同、沪西工联主任王炎夏、书报科主任糜文浩等"[3]。判定时间为1927年7月的《上海人道互济会调查一九二七年三月至七月被难、被捕和受伤者名单》记载"王炎夏"因"破坏机关"被捕，"被枪毙"后给予丧葬费120元，家属慰问金30元，特别补助90元[4]。上述直接记载均未有确切时间，但根据相关史料记载何大同牺牲于5月4日晚[5]、糜文浩牺牲于5月11日[6]，推理佘立亚应该牺牲于5月4日至11日之间。

佘立亚牺牲后，中共中央机关报《布尔赛维克》第一期刊登了悼念文章，沉痛悼念牺牲于1927年的赵世炎、陈延年、汪寿华、张佐臣、宣中华、侯绍裘、谢文锦、佘立亚、李启汉、熊雄、梅中林等烈士。江苏省委在1928年9月10日，沉痛悼念牺牲于1927年及以前的陈延年、赵世炎、王炎夏、王再生、

---

[1] 中央档案馆、上海市档案馆：《上海革命历史文件汇集（上海各群众团体文件1924—1927）》，1988年，第503页。

[2] 中央档案馆、上海市档案馆：《上海革命历史文件汇集（上海各群众团体文件1924—1927）》，1988年，第510页。

[3] 中央档案馆、上海市档案馆：《上海革命历史文件汇集（上海各群众团体文件1924—1927）》，1988年，第351页。

[4] 中央档案馆、上海市档案馆：《上海革命历史文件汇集（上海各群众团体文件1924—1927）》，1988年，第552页。

[5] 谭抗美主编，上海纺织工人运动史编写组：《上海纺织工人运动史》，中共党史出版社，1991年，第144页。

[6] 《青天白日报案讯结　李仲苏钱一飞斩决》，《时报》，1927年5月12日，第2张第3版。

刘华等同志。①

解放后，佘立亚当年的同事朱世杰于1960年11月10日回忆道：上海警备司令杨虎残忍狠毒，对那些表现最坚决的同志便是用刀砍，如王炎夏同志一被捉进去就什么也不讲，只是大骂杨虎"流氓，恶棍"，结果杨虎便腰斩了王炎夏同志②。赵世炎爱人夏之栩同志在谈上海第三次武装起义时的罗亦农时说，佘立亚把赵世炎和她的名字中一人取一个字，化名叫王炎夏。佘立亚在沪西很活跃，抓去后就被杀了，是腰斩的。③

四、在任小沙渡部委书记时是否兼任吴淞独支书记考辨

过往党史认为佘立亚在1926年9月至12月担任小沙渡部委书记的同时，兼任吴淞独支书记。④主要依据是上海革命历史文件汇集中有两篇佘立亚提交的关于吴淞的工作报告，经档案整理者判定时间在佘立亚担任小沙渡部委书记期间。一篇是判定时间为1926年10月5日《吴淞独支关于工人、学生工作及党的力量状况的报告》，其原始署名为"立亚　五号"。同时，收录了经判定时间同样为1926年10月5日的《王炎夏同志关于小沙渡九月份罢工后的情况报告》，其原始署名为"小沙渡　炎夏　十月五号"。另外一篇是判定时间为1926年12月5日《吴淞独支关于组织整顿及训练、宣传工作情况的报告》，其原始署名为"立亚　五号"。⑤笔者查阅《上海革命历史文件汇集》1926年

---

① 《江苏革命历史文件汇集1928.9—1929.2》，中央档案馆、江苏省档案馆，1985年，第45页。
② 朱世杰：《忆施英》，《赵世炎百年诞辰纪念集》，中共党史出版社，2001年，第271页。
③ 中共湖南省委组织部、宣传部、党史研究室编：《罗亦农诞辰一百周年纪念集》，湖南人民出版社，2002年，第207页。
④ 上海市委组织部、市党史资料征集委员会、市党史研究室、市档案馆：《中国共产党上海市组织史资料（1920.8—1987.10）》，上海人民出版社，1991年，第59页。
⑤ 中央档案馆、上海市档案馆：《上海革命历史文件汇集（上海各部委文件1925—1927）》，1988年，第570、576页。

9月至12月的上海区委召开的会议记录，结合相关回忆材料综合分析认为，佘立亚并不兼任吴淞独支书记，1926年9月至11月的吴淞独支书记为王再生，1926年11月开始至1927年2月的吴淞独支书记为赵池萍。主要证据如下：

一是这个时期上海区委召开的有佘立亚出席且标明佘立亚发言的会议记录，均未有任何涉及吴淞工作的内容。若佘立亚真兼任吴淞独支书记，应该有相关内容。另外，在佘立亚代表小沙渡部委参加的会议时，同时明确记载有吴淞的发言，可以肯定地说吴淞独支书记另有其人。如1926年12月25日，上海区委召开各部委书记会议，小沙渡部委报告陈之一诽谤部委书记等情况①，和佘立亚于1926年12月26日《关于一违反组织纪律事情的报告》②相互印证。1927年1月4日，上海区委召开全体委员会议讨论上海总工会人员调动问题，专题讨论陈之一的问题，区委决定陈之一、佘立亚、朱耀宗开会讨论解释③。同时，在各部委书记会议上，吴淞也报告了工作情况。由此推断，佘立亚并不兼任吴淞独支书记。在1927年2月27日特务会议上，罗亦农特意表扬道："小沙渡佘立亚工作较好"，也未提及涉及吴淞的内容。

二是梳理当时会议记录关于出席人员情况。在佘立亚被捕的前一天，即7月30日上海区委主席团会议上，负责组织工作的庄文恭报告，南京地委书记吴敏工作努力，在下关发展工人同志很多，引起团的书记不满，引起争执。争执对象为徐允和王再生，徐允支持吴敏，王再生支持团的书记。庄文恭提出两

---

① 中央档案馆、上海市档案馆：《上海革命历史文件汇集（上海区委会议记录1926.12—1927.2）》，1990年，第155页。
② 中央档案馆、上海市档案馆：《上海革命历史文件汇集（上海各部委文件1925—1927）》，1988年，第266页。
③ 中央档案馆、上海市档案馆：《上海革命历史文件汇集（上海区委会议记录1926.12—1927.2）》，1990年，第261页。

位书记都调换，王再生也调到别处工作。会议决定南京两位书记都调换，谢文锦任南京地委书记。浦东的马禹夫调吴淞，吴淞的佘立亚调离①。第二天，佘立亚被捕，马禹夫也未调吴淞。后，王再生调吴淞。1926年9月8日，上海区委召开特别会议，在讨论部委人员分配时，区委分别对杨树浦张叔平、浦东江元青、南市梁育华、闸北卓恺泽、引翔港张昆弟、小沙渡郭伯和、曹家渡龙大道、法租界张永和、上海大学张晓柳、吴淞王再生进行了逐一点评。同时指出郭伯和在小沙渡成绩显著，调更重要的闸北部委任书记，佘立亚可任小沙渡书记。于是会议决定了各部委人员名单，佘立亚任小沙渡部委书记，可惜会议记录到曹家渡开始就没有下文了②，应该还有其他部委、独支人员名单。1926年10月9日，上海区委召开各部委、独支书记联席会议，出席会议的有佘立亚、郭伯和、张之甫（即张昆弟）、张耘、梁育华、王再生、江元青、余伯良、张叔平。上述两次会议提到的其他人员分别为小沙渡部委书记、闸北部委书记、引翔港部委书记、上大独支书记、南市部委书记、法租界部委书记、浦东部委书记、曹家渡部委书记、杨树浦部委书记，同理，王再生应该以吴淞独支书记身份参加。③

三是当时亲历人员的回忆材料。根据1960年出版的《上海工人斗争故事》一书，书中收录了由黄新甫采访的、负责铁路工人纠察队工作的黄顺秋的讲述材料。材料中提到，为实现上海工人第一次武装起义，上海区委自1926年10月16日起，交给了铁路工人一项任务：破坏沪宁铁路交通，切断行车3天。10月14日晚上，在吴淞旗站附近，"孙津川同志主持召开了党支部紧急会

---

① 中央档案馆、上海市档案馆：《上海革命历史文件汇集（上海区委会议记录 1926.7—9）》，1989年，第180页。
② 中央档案馆、上海市档案馆：《上海革命历史文件汇集（上海区委会议记录 1926.7—9）》，1989年，第374—379页。
③ 中央档案馆、上海市档案馆：《上海革命历史文件汇集（上海区委会议记录 1926.10—11）》，1980年，第47页。

议，中共吴淞区委书记王再生也到会参加"①。根据上述材料综合分析，可以得出结论，吴淞独支书记应该为王再生，而不是由佘立亚兼任。

四是结合上海区委会议相关记录，对署名为佘立亚但时间为判定的三份文件形成时间初步分析如下：《吴淞独支三个月铁路工作报告》署名"立亚　四号"，判定为1926年7月4日，根据内容判定应为1926年6月4日。《吴淞独支关于工人学生工作及党的力量状况的报告》署名"立亚　五号"，判定时间为1926年10月5日，应为1926年6月5日，其中关于铁路工人方面"详细情形另有详细报告与桑翰兄，请参看"，这个详细报告应指《吴淞独支三个月铁路工作报告》。《吴淞独支关于组织整顿及训练、宣传工作情况的报告》署名"立亚　五号"，判定时间为1926年12月5日，根据内容分析时间应为1926年7月5日比较合理。

五是王再生烈士的家乡安徽省含山县在查找烈士史料、筹建纪念馆的过程中，经过多方多地收集资料及考证，明确记载王再生担任中共吴淞区委书记②。

另外，根据1926年11月20日下午召开的上海区委各部委书记会议记录，吴淞部委书记开头就谈到"我才去一天半"③，说明新任吴淞独支书记赵池萍于1926年11月18日到岗，王再生任期到此为止。综上分析，吴淞独支从1926年9月至11月，由王再生担任吴淞独支书记，后赵池萍担任吴淞独支书记。赵池萍于1927年2月以吴淞代表身份参加江浙区第一次代表大会，佘

---

① 《夜撬铁路》，《第一次有组织的罢工　上海工人斗争故事》，上海文艺出版社，1960年，第17页。
② 《缅怀革命先烈　赓续红色血脉　接力使命担当——纪念王再生烈士诞辰120周年》，《含山先锋党建》，http://www.ahhsxf.gov.cn。
③ 中央档案馆、上海市档案馆：《上海革命历史文件汇集（上海区委会议记录1926.10—11）》，1980年，第378页。中央档案馆、上海市档案馆：《上海革命历史文件汇集（中共江浙区第一次代表大会有关文件）》，1990年，第26、28页。

立亚以小沙渡代表身份参加,上海8个部委、2个独支书记均参加①。综上,可以得出结论,从1926年9月到1927年2月,佘立亚一直在小沙渡工作,吴淞负责人则先后为王再生和赵池萍。

结语

佘立亚在上海工作的一年多时间,充分提现了他的远见著识、坦荡胸怀和对革命工作的高度负责。和佘立亚一起在法国勤工俭学,新中国成立后担任马列学院院长、中共中央宣传部副部长的李卓然回忆说:佘立亚是一个出身地主家庭而很热情有志气的青年,他原来是准备自费到法国留学的。到了法国以后,他们就一起进了工厂,结交了一些工人做朋友。他对中国革命的出路问题发生了兴趣,后来成为一个很坚强的无产阶级战士。②为了追求民族独立、人民解放,佘立亚的青春年华定格在了永远的30岁。他的革命精神长青,他的革命气节永存!他的精神照亮后来者的道路,后来者只有继续奋斗,才能早日实现革命先烈的遗愿。

作者单位:宝山区总工会

参考文献

[1] 中央档案馆:《中共党史资料丛书(资料选辑)》,中共中央党校出版社,1983年。

---

① 中央档案馆、上海市档案馆:《上海革命历史文件汇集(上海区委会议记录1926.10—11)》,1980年,第378页。中央档案馆、上海市档案馆:《上海革命历史文件汇集(中共江浙区第一次代表大会有关文件)》,1990年,第26、28页。
② 中共郑州市委党史工作委员会、郑州市民政局编:《郑州革命史人物传 第1集》,1988年,第31页。

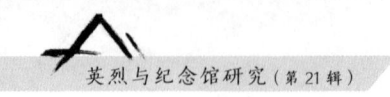

［2］中共郑州市委党史工作委员会，郑州市民政局编：《郑州革命史人物传 第1集》，1988年。

［3］中央团校青运研究室编：《中国新民主主义革命时期青年运动简史》，1981年。

［4］郑名桢主编：《留法勤工俭学运动》，山西高校联合出版社，1994年。

［5］《河南革命历史文件汇集(1923—1926)》，中央档案馆，河南省档案馆编，1983年。

［6］上海市委组织部、市委党史资料征集委员会、市委党史研究室、市档案馆：《中国共产党上海市组织史资料(1920.8—1987.10)》，上海人民出版社，1991年。

［7］中央档案馆、上海市档案馆：《上海革命历史文件汇集(上海各群众团体文件1924—1927)》，1988年。

［8］中央档案馆、上海市档案馆：《上海革命历史文件汇集(杭州、嘉兴、绍兴、温州地区1925—1927)》，1988年。

［9］中央档案馆、上海市档案馆：《上海革命历史文件汇集(上海区委各部委文件1925—1927)》，1987年。

［10］《吴淞贫民学校教员被逮》，《时报》，1926年8月1日，第1张第3版。

［11］中央档案馆、上海市档案馆：《上海革命历史文件汇集(上海区委会议记录1926.7—9)》，1989年。

［12］中央档案馆、上海市档案馆：《上海革命历史文件汇集(中共江浙区第一次代表大会有关文件)》，1990年。

［13］中央档案馆、上海市档案馆：《上海革命历史文件汇集(上海区委会议记录1926.12—1927.2)》，1990年。

［14］《临时市政府昨日成立》，《时事新报》，1927年3月30日，第3张第1版。

［15］《沪西市民代表大会纪》，《新闻报》，1927年4月4日，第4张第2版。

［16］《纠察队缴械之后闸北工人游行枪杀》，《时报》，1927年4月14日，第2张

第 5 版。

[17]《佘立亚(1902—1927)》,中华人民共和国民政部编:《中华著名烈士(第二卷)》,2000 年。

[18]《吴淞贫民学校教员被逮》,《时报》,1926 年 8 月 1 日第 1 张第 3 版。《吴淞贫民学校教员被逮别讯》,《时报》,8 月 2 日第 2 张第 3 版。

[19] 郑超麟:《最近之白色恐怖》,《向导周报》第 168 期,1926 年 8 月 22 日。

[20]《青天白日报案讯结 李仲苏钱一飞斩决》,《时报》,1927 年 5 月 12 日,第 2 张第 3 版。

[21]《江苏革命历史文件汇集 1928.9—1929.2》,中央档案馆 江苏省档案馆,1985 年,第 45 页。

[22] 朱世杰:《忆施英》,《赵世炎百年诞辰纪念集》,中共党史出版社,2001 年。

[23] 中共湖南省委组织部、宣传部、党史研究室编:《罗亦农诞辰一百周年纪念集》,湖南人民出版社,2002 年。

[24] 上海市委组织部、市党史资料征集委员会、市党史研究室、市档案馆:《中国共产党上海市组织史资料(1920.8—1987.10)》,上海人民出版社,1991 年。

[25]《夜撬铁路》,《第一次有组织的罢工 上海工人斗争故事》,上海文艺出版社,1960 年。

[26] 中共郑州市委党史工作委员会、郑州市民政局编:《郑州革命史人物传 第 1 集》,1988 年。

陈列展示

探究革命文物主题展览策划的创新路径
——以"这盛世如你所愿——陈延年、陈乔年烈士文物史料展"为例

姚倩星

摘要：革命文物主题陈列展览是展示革命文物、讲述革命故事、开展党史学习教育的重要载体。为发挥革命场馆在讲好革命故事、传播红色文化中的独特作用，尤其需要打造革命文物主题精品展览，不断创新展陈方式，并在研究、教育方面探索创新路径。2023年，上海市龙华烈士陵园（龙华烈士纪念馆、上海市烈士纪念设施保护中心）推出的《这盛世如你所愿——陈延年、陈乔年烈士文物史料展》在创新展览策划方面进行了有益探索。

关键词：革命文物主题陈列展览；展览策划；创新；红色文化传播

习近平总书记指出，革命文物承载党和人民英勇奋斗的光荣历史，记载中国革命的伟大历程和感人事迹，是党和国家的宝贵财富。加强革命文物保护利用，弘扬革命文化，传承红色基因，是全党全社会的共同责任。党的十八大以来，革命类博物馆、纪念馆大量建成，革命文物主题展览的参观热度逐年攀升，观众对展览的审美与要求也越来越高。据统计，2023年全国新增革命类纪念馆23家[1]，

---

[1] 徐文燕：《从历史证物到精神力量——切实把革命文物保护好、管理好、利用好》，http://www.ncha.gov.cn/art/2024/2/2/art_722_186904.html。

已建成革命历史类博物馆、纪念馆1 644家，全国革命历史类纪念馆累计推出主题展览1.5万个，累计接待观众超28亿人次。①

革命类纪念馆是为社会服务的文化机构，而展览则是革命类纪念馆公共教育的主要载体和媒介。由于革命文物主题展览必须坚持政治属性和历史属性相统一，缺乏趣味性，难以引起观众兴趣。因此，在扎实的党史研究的基础上，将研究成果转化为利于观众接受的展览以达到教育目的，是展览策划的核心，这需要提高陈列展览的创新意识与能力。上海市龙华烈士陵园（龙华烈士纪念馆、上海市烈士纪念设施保护中心，以下简称龙陵）在2023年推出原创展览6个，其中《这盛世如你所愿——陈延年、陈乔年烈士文物史料展》（以下简称二陈展）就是一次"大胆"的创新。

一、深挖红色资源，把握社会脉搏

上海龙华曾是晚清时期江南制造局分局、北洋政府淞沪护军使署、国民政府淞沪警备司令部所在地。1927年至1937年间，数以千计的共产党人和革命志士，在这里被关押、被杀害。这里是中国近代史的缩影，也是中国革命历经腥风血雨的见证。龙陵安葬着1 700余名英烈，馆藏有204件/套定级革命文物，是全国重点文物保护单位、全国重点烈士纪念设施保护单位、国家一级博物馆，拥有丰富的、可深入挖掘的红色资源。近年来，龙陵联合党史、高校等研究机构，不断加深对史料和文物的挖掘，相继推出一批有深度、有分量的研究成果，一定程度上弥补了学术界相关研究的空白。研究工作是陈列展览工作的重要学术支撑，为展览内容的准确性、完整性保驾护航。

陈延年、陈乔年是安葬在龙陵的重要英烈，是中国共产党早期重要的领导干部，他们在探索民族解放的道路上披荆斩棘、一往无前，彰显出中国共产党

---

① 文宣：国家文物局印发《革命文物主题陈列展览导则（试行）》，http://www.ncha.gov.cn/art/2023/3/28/art_1961_180579.html。

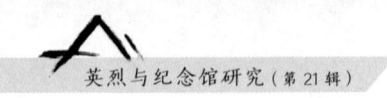

人的初心与使命。随着影视作品《觉醒年代》的热播，陈延年、陈乔年受到当今群众的极大关注，大量群众自发前往墓区祭奠英烈。2023 年恰逢陈延年烈士诞辰 125 周年、陈乔年烈士牺牲 95 周年，龙陵推出两位烈士的展览，该展览能够帮助观众了解他们的事迹，体悟英烈精神，接受一次党史及爱国主义教育。革命类纪念馆陈列展览结合社会热点策划能够吸引大量观众的展览，再从正面引导、教育观众加深对热点事件的理解，弘扬革命精神，回应社会关注。

二、打破固有思维，找准新颖角度

展览工作属于传播行为，传播目的是建立信息导向，引导观众认知，传递策展人希望表达的信息与主题思想。因此，展览需要紧密围绕一个主题或一条主线，让展览有效传播。随着观众观展量和知识储备的提高，观众愈趋于年轻化，革命文物主题展览需要打破固有思维，不断挖掘当代青年与历史人物之间的共鸣点，形成新颖的切入点。

陈延年以"人"为笔名，开启对革命道路的探索。他们都曾是鲜活的人，本应有更绚烂、更长久的人生，却为了中国革命将生命永远定格在最美好的年华。《觉醒年代》中，陈延年戴着脚镣踩在洒满桃花瓣的雨水中回眸一笑的场景牵动着观众的心，强烈的情感共鸣便产生了以人体部位为线索，串联起整个展览的设想，试着让观众触碰他们的身体，回到那个血雨腥风的年代。

展览回归烈士作为"人"的本源，通过"眼、口、足、耳、心"五个部分，解构陈延年、陈乔年这对年轻的革命兄弟为探求救亡图存的道路，坚持在苦难和挫折中求索、在风雨飘摇中前进的动人事迹。第一部分"眼"展现的是兄弟二人看清社会黑暗，从家乡到上海、法国、苏联寻找真理的过程。第二部分"口"展现的是二人在宣传方面做的努力，他们向中国传递世界无产阶级的声音，战斗在宣扬马克思主义的第一线。第三部分"足"展现的是二人回国后在党内担任重要职务期间的主要贡献。第四部分"耳"展现的是二人善于倾听党内、外的声音，扎根一线、深入人民。第五部分"心"展现的是二人为革命甘愿献出生命的赤子之心。一级标题的正文部分仅用相同格式的一句话概括章节内容，以期给观众带来探索欲，在看完章节内容后能够更深层次地理解一级标题正文的含义。此种叙述模式不仅打破烈士不可接近的完美形象，完整表述"人"的概念，还刻画出兄弟二人的人生轨迹与事迹。前言和结语则减少教条式的口号，以更加感性的文学表达打动观众。前言的目的是厘清烈士与"人"的关系，并引出标题。结语是从新时代青年的角度给烈士写了一封信，搭建起年轻观众与年轻烈士之间的桥梁，再次呼应标题，完成逻辑闭环。

眼	• 远眺，于乱世中寻找真理，在至暗间探求光明。	• 豁目开襟立志向 • 目光如炬寻光明 • 独具慧眼悟真理
口	• 呐喊，穿越混沌发出强音，立足阵地吹响号角。	• 振臂高呼少年声 • 勤学广传国际歌
足	• 前行，无视泥淖步履坚实，不顾深渊踏印有力。	• 胼手胝足为革命 • 鼎足而立施拳脚
耳	• 倾听，入耳入心广开言路，聆音察理造炬成阳。	• 耳听心受党内音 • 侧耳倾听众生苦
心	• 感悟，激荡灵魂不忘初心，坚守信仰方得始终。	• 生死存亡守初心 • 前仆后继赤子情

二陈展内容框架

三、创新设计理念，形成多地联动

陈列展览是在一定"空间"发挥作用的。场地空间的大小制约着陈列展览的规模和展示手段。对于临时展览而言，基本上是在现有的临时展厅中完成，面积、层高都是确定的，其中陈列展示区的平面组合又必须满足陈列内容的系统性、顺序性和观众选择性参观的需要，因此形式设计只能适应现有空间，有时还要做出让步和牺牲。

2023年6月6日，二陈展在上海中心大厦第52层的朵云书院和龙华烈士纪念馆一楼大厅同时开展；展览也作为第二届长三角党史论坛的子项目，于2023年9月25日在安庆博物馆展出（见下表）。展览文字7 000余字，分为5

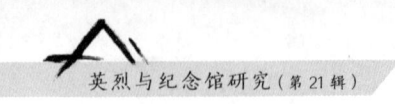

个单元 11 个章节，展出文物 9 件，图片 42 张。丰富的内容如何在有限的空间内呈现，是设计团队要解决的重要问题；同样的内容如何在 3 个不同的空间展现，是要解决的另一个问题。

展览地点不同，空间限制不同，形式设计也因此改变。为保证三地风格统一又各具特色，需要在形式设计上进行创新。首先根据文本内容，提炼出烈士"人"、龙陵"桃花"、信笺等视觉元素，以色调打破革命文物展览惯用的红、灰、黑，而选用更加年轻、大胆的桃花粉，不仅令人耳目一新，桃花粉的暖色调还能带给观众温暖、柔和的感觉。其次是在相同的视觉元素下进行不同的空间规划与动线设计。最后是根据不同的场地条件，使用不同的材料和辅助展品。

展览地点对比表

地　　点	场地类型	展览面积	展线长度
龙华烈士纪念馆	一楼公共空间	108 平方米	83 米
朵云书院	会议活动空间	116 平方米	102 米
安庆博物馆	临展厅	251.54 平方米	92 米

1. 龙华烈士纪念馆

龙华烈士纪念馆是一座金字塔型建筑，共四层，其中一层、二层为展厅，用作基本陈列。作为临时展览的空间只有一楼的公共空间，面积有限，展览的布局需具备一定的通透性与开放性，维持一楼的空间感，并能让观众能从不同的方位进入到展厅。展览的主动线为"X"形，是两个"人"形的叠加，与"人"的主题紧密相连。在材料上，循环利用木质展墙、玻璃隔断、金属文物展架等，以几何重组的方式打造一个拥有人间盛世温度的视觉空间。展览入口附近设置了一处扭蛋盲盒，扭蛋内是陈延年、陈乔年烈士语录手环，可以将烈士语录带回家。出口部分设置一处信笺光影墙，增加互动性。

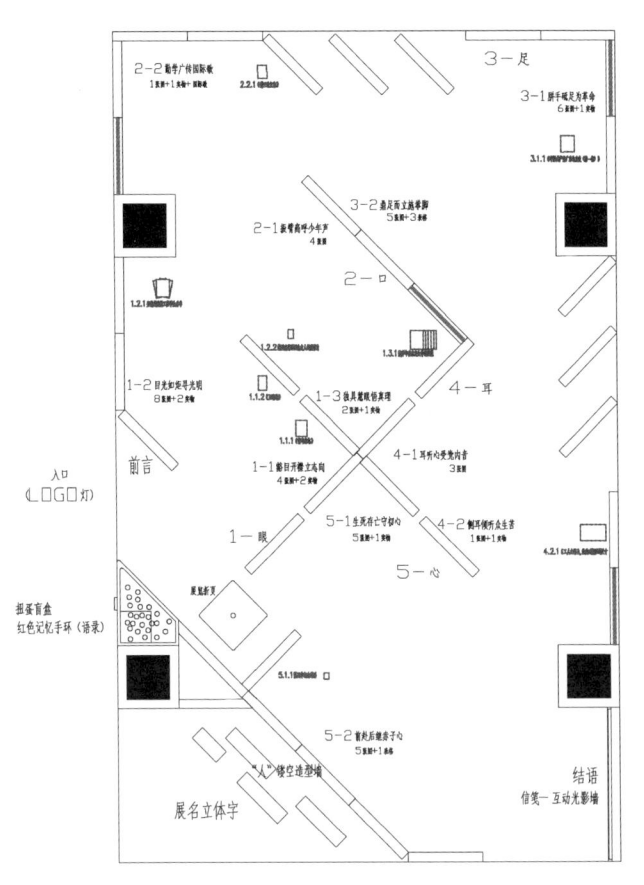

二陈展(纪念馆一楼)平面图

二陈展(纪念馆一楼)现场图

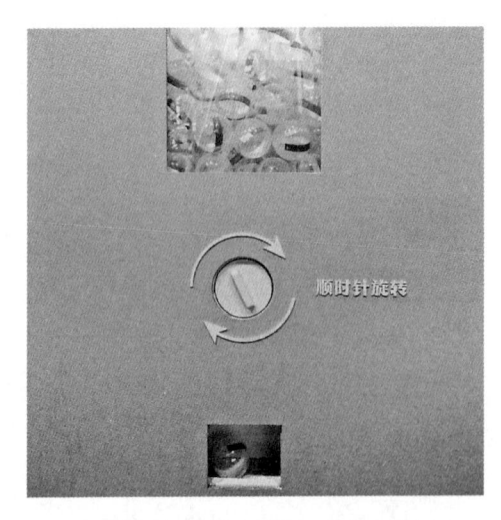

二陈展（纪念馆一楼）扭蛋盲盒装置

2. 朵云书院

朵云书院是位于上海之巅——上海中心大厦第52层的网红书店，每天都吸引着大量年轻群体前往。在此的展览主动线是两个"C"形，代表着陈延年、陈乔年的"陈"。展览第一和第二部分中间设置了一个直径1米的沙漏转

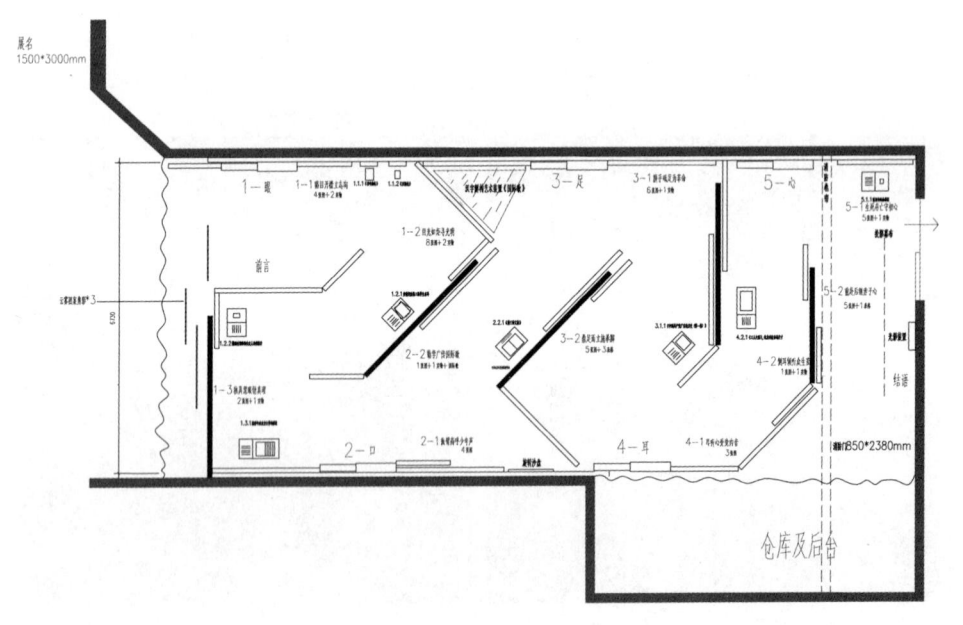

二陈展（朵云书院）平面图

盘，用金色沙子填满烈士语录。第二部分设置了汉字解构艺术装置，展示《国际歌》的歌词。结尾处设置的光影互动装置在幕墙上投射出陈延年、陈乔年烈士形象，加深观众对两位烈士的记忆。由于展览场地为半开放式会议活动室，需要展板可移动，偶尔腾出会议空间。因此，展板考虑轻巧的、可移动的材料。为配合书店的整体氛围，结合年轻人聚集的特点，提炼"眼""口""足""耳""心"进行汉字象形设计，定制金属立体字镂空装置，展示面采用多层帷幔叠加、高低错落的卷轴，不仅便于收纳，还能营造出独特的书卷氛围感。

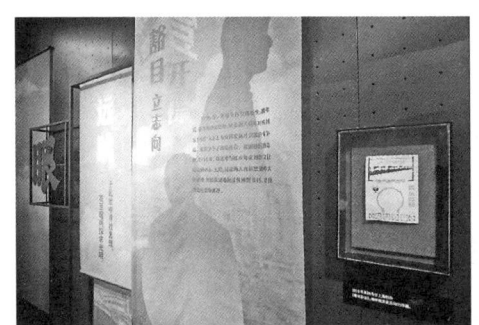

二陈展（朵云书院）现场图

二陈展（朵云书院）汉字解构艺术装置

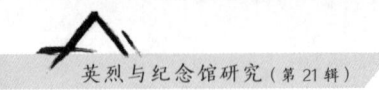

3. 安庆博物馆

安庆是烈士诞生之城，龙华是烈士永生之所。生与死的记忆串联成独特的红色基因，将安庆与龙华紧密相连起来。龙陵与中共安庆市委党史和地方志研究室携手推出此次展览，不仅是烈士出生地与牺牲地的联动，也是长三角英烈精神传播一体化的最好实践，更是习近平总书记深入推进长三角一体化发展座谈会精神的贯彻落实。

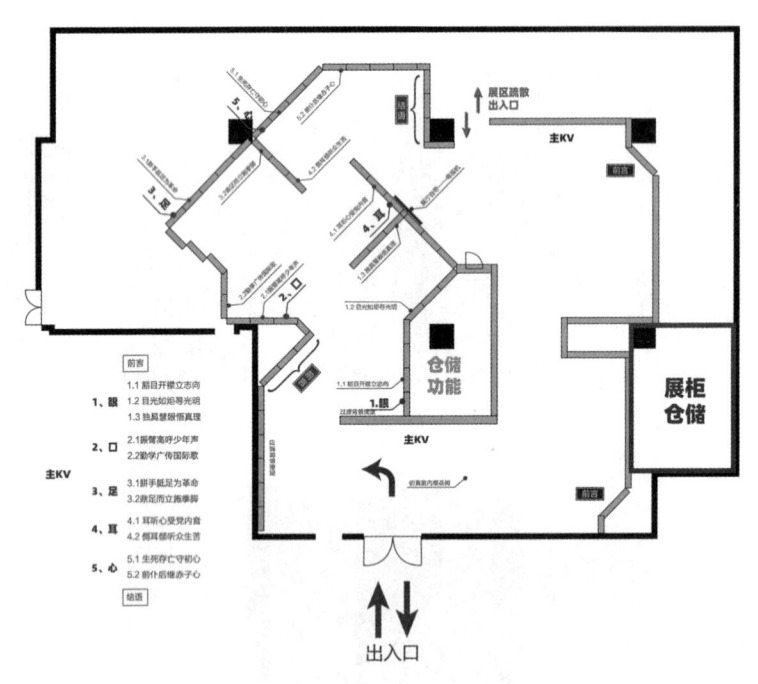

二陈展（安庆博物馆）平面图

安庆博物馆临展厅面积较大，适合打造空间开合有致、视觉效果更为突出的设计模式，引导观众在最佳距离观展。因此，临展厅本身虽有可移动展板，却选择打破方正的矩形平面格局，运用安全环保的密度展板，另行起墙。在充分考虑场地中承重柱的位置和高低变化的层高后，通过对原有活动展板的重构组合，延长场地展线长度，注重每个区域单元主视角的变化，打造富有层次和趣味的参观路线。沿着被桃花铺满的道路步入展厅，展厅为同进同出的出入

二陈展（安庆博物馆）现场图

口，因此着重设计了主视觉版面，结合桃花、桃树等元素搭建了一个小品场景，采用"这盛世如你所愿"主题发光字前后交错与体块层次造型的艺术装置相结合的手法，作为主画面的同时，游客也可以进行互动合影打卡留念。展线中间设置了一块电视屏幕，播放龙陵自制的动画影片，用动

二陈展（安庆博物馆）文创展示及敲章区

态画面降低对静态展板的审美疲劳。结合当下最流行的集章活动，在结尾处设置了盖章点，以陈延年、陈乔年两兄弟形象创作了几款纪念章，可盖在宣传册上预留的盖章处，留作纪念。

四、拓宽传播路径，实现展教结合

一个优秀的展览策划方案，不仅要完成对展览本身的演绎，还要考虑展览的推广与公众服务，积极的宣传推广直接影响到展览效益。新媒体因具有传播速度快、互动反馈及时、信息处理率高等特点，能够在传播者与受众之间形成双向互动模式，强化受众在文化传播中的参与感与互动感，因此拥有广泛而巨大的社会影响力。

革命纪念馆在提供公共文化服务的同时，也是党的思想宣传工作的重要组成部分，具有鲜明的意识形态属性和价值导向。因此，在坚守鲜明意识形态的基础上，传播具有权威性、完整性的内容，全面深入地展示革命文化中蕴含的红色基因，可以有效筑牢意识形态阵地。

因此，龙陵策展人利用数字化与多元化的传播路径，构建起新的传播平台，设计了简约直观又有效的互动模式，以贴近观众。一是以《初心与原点》为主题，制作系列视频，讲述陈延年、陈乔年两位烈士从生命起点到长眠之地的人生历程，视频总播放量超400万次。二是将系列视频制作成H5模式，增强探索性，让观众主动探索，自发感受英烈精神。三是以用户为出发点，制作二陈展360°全景展览，在官方微信公众号内线上观展，实现展览的永续性，提高持续影响力。

新媒体传播是扩大文化宣传的有效路径，教育活动则是吸引观众反复进出革命类纪念馆的动力。高质量的革命类纪念馆教育活动，不仅契合展览主题，还能拓展、深化和补充展览内容。革命类纪念馆沉浸式戏剧演出是目前受众接受度较高、文化宣传效果较好的教育活动。因此，围绕二陈展，龙陵与上海师范大学影视传媒学院联合出品沉浸式戏剧党课《觉醒青春》。该剧以陈乔年烈士在上海的少年成长、地下工作、狱中斗争和英勇就义为主要情节，讲述其从满怀理想的爱国青年成长为一名坚定的共产主义战士并壮烈牺牲的光辉一生。与传统剧目不同，《觉醒青春》需要在现有纪念馆空间中进行演绎，突破舞台局限与观众互动。为了让观众顺畅融入剧情，增强互动体验，主创调整了原有观展路线，让观众跟随演

沉浸式戏剧《觉醒青春》演出现场

员指引走进一幕幕场景，感受百年前的风云。这场戏剧在有限的时间内实现了教育价值和艺术价值的融合。

沉浸式戏剧《觉醒青春》海报

综上所述，革命类博物馆、纪念馆是传播红色文化的重要阵地，在烈士褒扬、党史学习教育、爱国主义教育等方面具有重要作用，需要通过创新展览策划路径，在展览内容、展示手段、设计理念等方面突破固有边界，激发观众对红色文化的关注与兴趣，增强对红色文化的认同感和自豪感，进而在全社会树立崇尚英雄、缅怀先烈的良好风尚。只有紧跟时代步伐、打破常规，才能不断增强红色文化吸引力，推动革命文物主题展览迈上新台阶。

作者单位：龙华烈士纪念馆

参考文献

［1］黄洋、陈红京：《陈列展览设计十讲》，上海交通大学出版社，2019年。

［2］郑奕：《博物馆教育活动研究》，复旦大学出版社，2015年。

［3］陆建松：《博物馆展览策划：理念与实务》，复旦大学出版社，2016年。

［4］郭庆光：《传播学教程（第二版）》，中国人民大学出版社，2011年。

［5］魏雪沁：《中国大运河博物馆的文化传播研究》，硕士论文，南京林业大学，2023年。

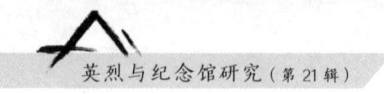

［6］刘燕：《新时代背景下革命纪念馆实现高质量传播的探索与思考》，《中国博物馆》，2023年第6期。

［7］邱伟光、卢章平：《受众需求结构视角下的文物知识传播研究》，《新闻传播》，2022年6月。

英烈事迹布展工作的调研与思考

谭卓华

摘要：湖南革命陵园管理处组成调研组对红色资源进行调研，整理出自身的红色资源和红色文化的基本情况，形成布展优势，发现其存在的问题。通过外出学习考察，广泛征求各级领导和各位专家的意见，深入仔细地思考布展，形成了较清晰的工作思路，并有针对性地提出了相对应的解决措施。

关键词：湖南革命陵园管理处；布展；优势；前景

为深入贯彻落实习近平总书记"把红色资源利用好、把红色传统发扬好、把红色基因传承好"的指示精神，尤其是在新时代中国特色社会主义思想主题教育中，深感推进布展工作是以学铸魂、以学增智、以学正风、以学促干的紧迫任务，是赓续红色血脉传承红色基因的重要举措，更是推动革命陵园事业高质量发展的必由之路。目前，湖南革命陵园管理处具有良好的布展工作基础，也面临着一些困难问题。通过外出学习考察，广泛征求各级领导和各位专家的意见，对这项工作进行了一些调研与思考，形成了较清晰的工作思路，并有针对性地提出了相对应的解决措施。

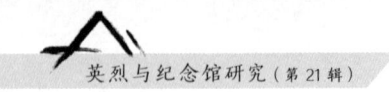

一、布展项目的特色优势

1. 具备先进的发展定位和体系布局

湖南革命陵园是第五批全国重点烈士纪念建筑物保护单位、湖南省全民国防教育基地、湖南省园林式单位、长沙市爱国主义教育基地、长沙市文明标兵单位，多次被评为长沙市优秀志愿服务组织，个中原因如下。一是良好的区位优势。湖南革命陵园地处市区，紧邻湘江，周边学校资源丰富，交通便利，四通八达，鸟语花香。二是落实科学规划。2009年，陵园管理处进行了烈士纪念设施的"扩圈"，建成了烈士纪念墙和烈士公墓，2019年对烈士纪念设施进行全面提质改造，完成了烈士纪念广场、人民英雄纪念碑、烈士公墓的建设，提质改造项目已于2020年10月正式竣工。三是明确发展定位。2023年，展陈项目已列入市本级投资项目计划，着力打造红色主题教育精品工程——"湖南英烈事迹陈列展"是整个长沙市乃至湖南不可多得、功能完备、要素齐全、"五位一体"（一墙、一碑、一馆、一广场、一公墓）的国家级烈士纪念设施。

2. 积极协调，稳步推进布展工作

陵园管理处前期成立布展工作专班，但目前审批程序比预计复杂，共计涉及13部门21项审批流程，经多方协调、加班加点、克服困难，打磨30余稿《展陈大纲》和《形式设计方案》,《可行性研究报告》10余稿。该项目已实现的关键性进展总结概括为：已取得3个批复，13个部门审批。

3. 前期方案已初见雏形

前期展陈设计以5个历史时期为脉络，以各大历史事件为背景，将宏大叙事与细节呈现相结合，以组团方式进行人物展陈、人物选取并兼顾重点与全面，在已选取的165位上墙人物的基础上，深入挖掘英烈背后的故事。同时，作为烈士陵园，陵园管理处在遗物征集方面也具备先天优势。

4. 烈士褒扬工作具备深厚基础

湖南革命陵园于2007年开始组建专业科室负责发展烈士褒扬业务，利用

每年清明、五四、七一、9·30烈士纪念日、抗战纪念胜利日、国家公祭日等重要时间节点，通过"线上＋线下"全面铺开。目前已推出的品牌系列活动有："我为英烈写封信""我为英烈读首诗""红色志愿行""声音纪念馆""红色大讲堂""行走的思政课"等。参与志愿服务活动的联点学校有260余所，注册志愿者有3 000余名，作为全国首批开发线上祭英烈"云祭扫"平台的烈士纪念单位，线上参与人数破千万。2024年清明仅一周时间内，共接待来园群众5.1万人，参观团队146个，团体祭扫接待人数2万余人，网上祭英烈人数超200万，成为长沙红色"网红"打卡新地标。

二、布展工作仍然存在困难

1. 专业人才力量有待夯实

目前，陵园管理处仅有三名讲解员，布展工作相关从业人员知识结构和专业结构不能与其工作相匹配，无法适应事业快速发展变化。展陈工作缺乏党史研究、遗物征集保管、临展设计、主题活动策划、自媒体宣传的相关人才，很多工作在开展时心有余而力不足，要实现"突围"，为展馆启动运营提供专业"支撑"，亟须补充专业人才队伍。

2. 展陈设计方案仍需深化

随着科技的发展，新时代对展览的展陈方法和手段提出了新的要求。一是图文形式单一，设计方案容易局限于传统流线型叙事和单一的展板展陈，缺乏有吸引力、有感染力的创新手段。二是受众分析不全，展陈手段上缺乏受众分析和人群设计，没有考虑观展人群的需求。三是互动性不强，"互动＋场景"的新型展陈手段不够，将无法达到留住人、打动人、教育人的目的。

3. 主题活动有待丰富

在推进布展工作的同时，与之相应的、爱国主义教育主题活动开展得还不够丰富。一是计划性不够，重要时间节点铺排设计相关的主题活动没有实行常态化，现有的活动内容和形式呈现较为单一。二是主题活动中缺乏新环节、新

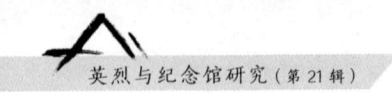

元素，对受众群体尤其是中小学生的吸引力不够。三是活动覆盖受众群体不全，现阶段主动对接主题活动的基本上是青少年学生群体，缺乏机关企事业单位、部队官兵及烈属的参与。

三、布展事业发展前景广阔

1. 强化队伍建设，聚好用好人才第一资源

一是做好引智育才的"加法"。陵园管理处拟向社会公开招聘党史研究、遗物保管征集、专业讲解方面的专业人才，打造一支政治坚定、素质优良、业务精湛的高素质专业化人才队伍，让专业的人做专业的事，不断释放专业人才的思想力、创造力、行动力，用感情留住人、用事业留住人。二是健全机制，激发干事"热情"，落实各业务岗位的考核制度，定期对在岗聘用的专业人员进行培训及考核，考核结果需与绩效挂钩。将成果产出与荣誉激励有机结合，推动单位发展和个人成长的有机连接，对于有突出表现的，绩效评优要结合实际情况优先安排培训、职工疗养等，激励各岗位聘用人员积极努力，热爱工作。三是探索人才成长"新路"，讲解员是红色教育的教学者，也是红色根脉的守护者，如今讲解工作已由单一的阵地解说转变为多元多向的社会教育，创新"以赛带训"方式，选派讲解员积极参与各类红色讲解比赛，通过比赛加强与全国、省、市优秀讲解员交流学习，进一步提升讲解员水平。

2. 科学统筹推进，打造数字赋能新展馆

一是盘活存量资源，创造增量场景，以艺术作品的设计，结合异形投影、虚拟现实、空间音频、激光雷达捕捉等技术的综合性运用，实现时间与空间的跨越，建构虚实相融的爱国主义教育全景式数字生态展陈；坚持主流价值在场景化应用中的牵引性与主导性，提升教育主客体在场景化应用中的双向互动，以"人机协同"促进场景化应用中传播的精准化与学习的深度化。二是创建"新潮"的互动体验，融入更多教育互动元素，例如互动答题系统、自主导览系统、电子献花留言系统、LED 电子英烈墙查询系统、场景体验设备等。将

"阵地讲解"与"现场教学"相结合，提炼"关键词"、打造"故事性"、巧妙谋划"驻足点"，把历史讲清，把精神讲活，增强观展体验，提升参观的知识点、记忆点、触动点。

3. 盘活红色资源，发挥红色主题教育活动的示范效应

一是赋能新技术，串联三湘大地内的每一段革命故事、每一处文物旧址、每一个红色景点，推进数字科技与旅游产业深度融合，创新发展数字文旅新产品、新场景、提升红色旅游的新动能；同时，创新"红色教育研学路线""实地教学体验"等多种多样的寓教方式，集红色文化体悟、理论知识学习、沉浸式体验于一体，能够让青少年团体在有趣、有味、有情的体验中学习党史知识，进而增强历史自信、主动践行社会主义核心价值观。二是建设大基地，成立英雄烈士事迹研究会，联合党史专家、历史学家深挖红色富矿，联点高校共建"大思政课"实践教学基地；同时让大学生参与到红色旅游的策划和创意中，与红色文旅共情共振，力求培养有理想、敢担当、能吃苦、肯奋斗的新时代青年。三是打造多平台，利用展陈空间过渡，设计红色书吧、打造红色剧院、编排红色情景剧，结合红色文创产品，加深红色"牵引力"。四是拓展大舞台，成立英雄烈士事迹宣讲团，以少先队、烈士家属、志愿者等，多角度生动讲述英烈事迹，让红色故事浸润校园、让红色精神走进企事业单位。利用现在受年轻人欢迎的"小红书""抖音"等网络平台，结合以数字化、网络化、智能化为特征的"互联网＋旅游"，扩大新技术场景的应用，让有营养的红色宣传入心、入脑。用好红色资源、讲好红色故事，全力构筑"有广度、强力度、掀热度、增温度"的红色主题教育四维空间，擦亮长沙的红色名片，更好地传承红色基因。

作者单位：湖南革命陵园管理处

他山之石

浅谈新时代革命纪念馆的作用与红色文化的弘扬

窦宝国

摘要：革命纪念馆是红色文化的物化载体和宣传阵地。党的十八大以来，如何以革命纪念馆等为载体宣传好、弘扬好红色文化，成为业内人士和社会各界普遍关注的议题。本篇首先阐述了革命纪念馆和红色文化的概念内涵和价值作用，同时回顾了我国革命纪念馆的源头及发展历程。其后，结合国内部分革命纪念馆的典型经验做法，分析当前革命纪念馆在自身发展及宣传红色文化中面临的一些不足和难题，为促进革命纪念馆的发展与红色文化的弘扬提供有益借鉴。

关键词：革命纪念馆；红色文化；问题；路径

党的十八大以来，我国红色资源保护利用取得显著成效，红色旅游日益受到大众青睐，红色基因在新时代得到更好传承，如何统筹革命纪念馆发展与红色文化宣传工作，是当前面临的一个重要课题。

一、革命纪念馆的概念、作用与发展历史

1. 概念

根据传统分类法，我国博物馆可划分为综合性、纪念性、专题性三种类型，其中革命纪念馆是博物馆的一个重要分支和特殊类型。1985年文化部颁

布的《革命纪念馆工作试行条例》提出，革命纪念馆是为纪念近、现代革命史上重大事件或杰出人物并依托于有关的革命遗址、纪念建筑而建立的纪念性博物馆，是有关的革命遗址、纪念建筑和文物资料的保护收藏机构、宣传教育机构和科学研究机构，是我国博物馆事业的重要组成部分。目前，全国革命纪念馆已有1 600余家，成为爱国主义教育、党史学习教育、革命传统教育的重要阵地。

2. 发展历史

早在20世纪30年代的中央苏区和40年代的陕甘宁边区，中国共产党人就有了整理革命遗物、保存革命文物的意识，旨在缅怀英烈、鼓舞士气、教育民众。1934年1月，苏区中央革命博物馆正式开放，以较丰富的革命文物、史料突出地表现了共产党人和苏区军民的革命气节和斗争精神。在抗日战争及解放战争时期，为了进一步将红色文化和革命精神运用到对民众的教育、动员、鼓舞之中，一批陈列馆、博物馆也因陋就简建立起来。从中华人民共和国成立至1965年，我国革命纪念馆事业得到了蓬勃发展，一大批革命纪念馆、历史博物馆建立起来。

进入21世纪，党和国家高度重视红色文化建设，加上红色旅游的持续升温，为革命纪念馆提供了新的发展机遇。党的十八大召开以来，习近平总书记考察革命圣地的"红色足迹"遍及全国各地，党中央先后部署开展"不忘初心、牢记使命"主题教育、党史学习教育等党内集中教育活动，成为党员干部到革命纪念馆接受党性教育、赓续红色血脉的又一政策导向。

3. 地位和功能

革命纪念馆是红色文化的物化载体和宣传阵地，承担着存史、资政、育人、励志的重要功能，对弘扬和传承红色文化有着不可替代的作用。随着社会大众文化需求的日益增长和多元化，以及自身资源的积累和丰富，革命纪念馆的传统职能也在不断更新与改变，逐渐成为肩负收藏、保管、研究、阐释、展示、宣传、教育等职能于一体的公共文化服务机构，它既是红色文化的展示宣传阵地，更是一座城市的红色历史印迹和文化名片。

二、红色文化的概念与价值

关于红色文化的涵义，虽无统一明确的定义，但国内多数学者认为红色文化不仅孕育形成于革命战争时期，同时也成长、发展和繁荣于社会主义建设及改革开放时期，总体上是一个发展的、动态的、兼容并蓄的文化体系和类型。

1. 内涵表述

桑世波、王瑶从发生学的角度，认为红色文化是在革命文化发展的基础上，在中国共产党领导中国人民进行新民主主义革命，以及进行社会主义革命中，形成的一种独特的文化现象。它是马克思主义在中国的深化，是马克思主义"中国化""本土化"的产物，是进行社会主义建设、艰苦创业的主要动力与意识指导。[1]周宿峰从时间范围、内容构成等方面出发，认为红色文化指的是自中国共产党成立以来，领导中国人民经过长期的革命战争、社会主义建设和改革开放大潮洗礼的过程中逐渐形成的，反映中国共产党和最广大劳动人民的理想、信念、道德、价值，对美好生活的追求和向往，以多样化的文化方式传承、记载、歌颂和承载这一历史过程和现实的文化综合体。[2]

2. 概念外延

红色文化的外延十分丰富，不仅包括物质文化，也包括精神文化，即红色文化的物质形态和精神形态。红色文化的物质形态主要指客观存在的、显性的、有形的红色文化，包括中国革命、建设及改革时期的革命遗址旧址、战斗遗迹、革命遗物等历史遗存，烈士陵园、革命纪念馆、伟人故居、纪念堂塔碑亭、纪念园林等纪念场所，以及革命理论、革命思想等精神遗产的物质载体。其精神形态主要指党的革命纲领、路线方针政策等，以及由中国共产党领导人

---

[1] 桑世波、王瑶：《红色文化与革命纪念馆的发展》，中国博物馆协会纪念馆专业委员会2012年年会暨"红色文化论坛"论文，2012年，第334—337页。

[2] 周宿峰：《红色文化基本问题研究》，博士学位论文，吉林大学，2014年。

民群众在革命、建设和改革的实践活动中提炼概括出来的精神谱系、价值观念、信仰信念、思维方式,以及党史理论、革命烈士事迹、红色艺术和红色文学等内容。

3. 价值和作用

红色文化是一种特殊的文化形态,是中国先进文化和社会主义文化的重要组成部分,是指导我国革命、建设和改革开放事业取得成功的思想遵循原则、精神动力和智力支持,也是中国共产党在百年奋斗征程中形成的一种文化认知和文化自觉。红色文化是马克思主义与中国具体实际、中华优秀传统文化相结合的产物,体现着共产党人的精神风貌和革命传统,是党和国家最为宝贵的精神财富。进入新时代,保护好、传承好、弘扬好红色文化,有助于培育和践行社会主义核心价值观,有助于凝聚民族精神、夯实共同的文化根基,有助于为推进中国式现代化提供强大精神动力。在许多革命老区和红色纪念地,红色文化已成为集社会效益、经济效益与生态效益于一体的重要资源,为当地经济社会发展、人民生活水平提高和生态环境保护做出了巨大贡献。

三、革命纪念馆发展与红色文化传播的路径

笔者通过对山东省内沂蒙革命纪念馆、华东野战军纪念馆、胶东革命纪念馆等红色场馆的调研访谈,并结合梳理分析延安革命纪念馆、南湖革命纪念馆、雨花台烈士纪念馆等全国著名红色纪念地的相关文献资料,了解到部分革命纪念馆在自身发展和主体业务开展方面仍面临一些短板和难题。诸如,在讲解教育工作方面,部分展馆存在形式单一、内容单薄等问题,偏重于对革命纪念馆中的展品介绍、展线讲解等内容,不能满足观众的多样化、多层次参观学习需求,缺乏活态化、"沉浸式"参观体验。在场馆设施提升方面,由于国家划拨的经费有限,部分地域中小型革命纪念馆不能适时对基本陈列、专题展览进行提升改造,久而久之对观众失去了吸引力;或者不能及时对革命文物和纪念建筑物进行修缮保护,致使文物本体的安全存在较大风险。在理论研究工作

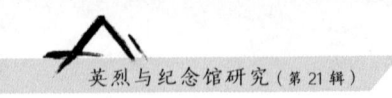

方面，对红色文化、革命精神理论研究不深入、不系统，对红色文化的整体性构建不足，在研究中局限于地域，缺乏跨区域视野，研究成果与陈列展览、宣传教育融合不够等问题。

上述问题，究其原因，既有客观方面的因素，也有主观方面的因素，但都不同程度地影响了革命纪念馆的发展和基本功能的发挥，需要寻求有效的解决措施和发展对策。

近年来，业界在红色文化和革命纪念馆建设中也进行了积极探索、积累了有益经验，构建了比较成熟的工作体系，各场馆可互鉴互融、取长补短，切实发挥好革命纪念馆在红色文化教育与传播中的支撑作用，为全面建设社会主义现代化国家、全面推进中华民族伟大复兴提供强大的精神支撑。

1. 收藏保护利用革命文物，为红色文化宣传弘扬提供物质基础

革命纪念馆所依托的诸多可移动或不可移动的革命文物，见证了中国共产党百年奋斗的光辉历程，是中国人民从站起来、富起来到强起来的生动体现，是宝贵的历史文化遗产和资源，也是承载红色文化精神内涵的极其重要的物质载体。

（1）征集收藏文物

红色文化内涵的丰富性和外延的广阔性，及其发展的动态性、鲜活性，要求革命纪念馆不断丰富馆藏资源，为红色文化的研究、展示、传播提供物质基础和实物承载。革命纪念馆要拓宽文物征集路径，加大征集和收藏力度，切实提高纪念馆的藏品数量和质量。近年来，瑞金中央革命根据地纪念馆大力实施文物"抢救性保护"工程，在做好物质藏品征集工作的同时，着力做好精神文化藏品的收集工作，实现对各类文物史料的抢救性整理、保护性挖掘。同时，精心挑选合适的文物文献用于陈列展览，供观众直观地近距离接触，让革命文物"说话"，让红色之旅"走心、走新"。

（2）修复保护文物

对馆藏文物进行全国可移动文物普查认定工作，建立"电子档案"，实现可移动文物的高效管理与社会共享的双赢。对馆藏文物史料进行评估定级，丰富和补充珍贵革命文物藏品体系，提升文物保护工作科学化、规范化管理水平。通过多渠道筹集资金，抓好革命文物的修缮保护工作，逐年分批、分级、分类对革命遗址、旧址和馆藏文物进行修复维护。南湖革命纪念馆制订南湖中共"一大"会址保护规划，每年定期维护保养中共一大纪念船，有计划、分步骤地开展湖心岛古建筑群的维修工作，使中共一大纪念地得到有效管理和保护，为推动嘉兴历史文化名城建设做出了积极贡献。

（3）挖掘利用文物

文物的背后是曾经的一个个鲜活的生命和故事，彰显的更是中国共产党人的信仰底色。东北烈士纪念馆遵循新时代文物工作方针，让革命文物史料走出库房、走出纪念馆，精心甄选100件珍贵馆藏文物制作百集融媒体宣传片《百宝耀征程》，再现馆藏文物背后的历史事件、动人故事、时代智慧、岁月变迁，有力诠释了共产党人的初心使命和英烈精神的时代价值。该系列宣传片获评"2023年度中华文物新媒体传播精品推介项目"。

2. 创新讲解模式，因人施讲，提升红色文化的传播力和影响力

革命纪念馆要认真落实习近平总书记关于"用好红色资源，讲好红色故事，搞好红色教育，让红色基因代代相传"的重要指示精神，努力建设高素质讲解员队伍，创新讲解模式和内涵，融入真情、因人施讲，提升观众的参观体验感，触及灵魂深处。

（1）丰富形式，提升讲解感染力

传统的单向度讲解模式很容易让红色教育变得枯燥、乏味。讲解员要创新讲解形式，在讲解过程中适时适当穿插歌舞、快板、小调、诗歌等文艺元素，让讲解"活起来"、"声"入人心。多年来，西柏坡纪念馆的讲解员们用唱民歌、说快板、顺口溜等形式，生动地传递了老一辈无产阶级革命家在西柏坡简陋的环境中指挥三大战役、召开中共七届二中全会的革命故事以及谦虚谨慎、艰苦奋斗的"赶考精神"。这种讲解形式通俗易懂、生动有趣，使革命历史变

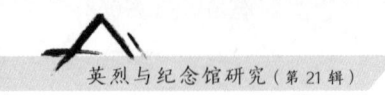

得"有血有肉"。

（2）因人施讲，提升参观吸引力

革命纪念馆在开展现场教学、传播红色文化时需要贴近需求、有针对性。在讲解中要充分考虑到观众的文化程度、职业、年龄等不同要素，合理编排解说词，在"因人施讲"上做文章。以胶东革命纪念馆为例，该馆针对不同参观群体编写了各有侧重的讲解词。比如，针对党员干部，侧重于讲述革命先烈不忘初心、坚定信念、浴血斗争的峥嵘岁月；针对退伍老兵或现役军人，着重讲述人民军队创建、成长、壮大的光辉历程；针对青少年学生，以讲革命故事为主，着重进行爱国主义教育；针对专家学者群体，讲述革命精神的内涵、形成历程及时代价值等内容。

3. 打造陈展精品，做活临时展览，推动红色文化"走出去"

陈列展览作为革命纪念馆向社会奉献的精神文化产品，是场馆开展社会教育、实现社会职能的主要载体和手段，是沟通纪念馆藏品与观众的桥梁。促进基本陈列、专题陈列与临时展览有机融合、相互补充，是发挥革命纪念馆价值最大化的重要举措。

（1）打造陈展精品

随着党史理论研究的深入、党内集中教育的更高要求和观众参观需求的多元化，革命纪念馆要在不断增加展陈数量的基础上，向持续打造精品展陈的方向努力；要在展览方式与内容上与时俱进、开拓创新，适时对基本陈列进行调整，提升文化底蕴，丰富精神内涵，彰显时代价值。以淮海战役纪念馆为例，该馆改陈后的基本陈列"人民的胜利——淮海战役历史陈列展览"，以"人民的胜利"为主题，采用多媒体、场景、沉浸式体验等展示手段，使展览达到历史性与现实性、艺术性与技术性、知识性与通俗性的完美结合。2021年，该展览荣获"第十九届全国博物馆十大陈列展览特别奖"。

（2）做活临时展览

相较于基本陈列，临时展览不仅是对基本陈列的补充，也能展示最新的经济社会发展成就和理论研究成果，有效提升展览的覆盖范围和社会影响力。开展临时展览互展，可以增进馆际互动合作和资源共享，促进红色精神的交流交融。南湖革命纪念馆在抓好基本陈列的同时，结合党的重大方针政策及社会宣传教育热点，推出或引进主题鲜明、内容丰富的临时展览，如《中国共产党的七十年》《人民领袖毛泽东》《邓小平伟大光辉的一生》《共产党人的光辉榜样——刘少奇》《中共嘉兴地方党史》等专题展。先后推动《开天辟地的大事变》《红船启航》等主题展，多次深入学校、部队等地巡回展出，并走向全国，影响很大，社会效益显著。

4. 探索"互联网+革命纪念馆"，为红色文化传播插上信息化的翅膀

在数字技术的加持下，纪念馆数字化的进程正在狂飙突进，在国内革命纪念馆建设和优化提升中，提高场馆的科技含量和信息化、智能化水平已成为潮流趋势之一。

（1）推动革命纪念馆与新媒体融合

随着信息技术的迅速发展，各类新媒体、自媒体凭借独特的传播优势逐渐成为信息传播的主渠道之一。在宣传弘扬红色文化的过程中，纪念馆从业者要善于利用这种传播优势，提高传播效率，拓展传播覆盖面，更好地诠释红色文化的时代价值和现实意义。近年来，沂蒙革命纪念馆借助新媒体的传播优势，定期推送红色文化信息，开展重大活动实时直播，搭建红色文化云课堂，建立"没有围墙的纪念馆"，让公众能够随时随地关注、获取红色文化和信息。同时，为观众提供智能导览、电子讲解和有声图书馆等服务，实现红色元素的可视化、多元化呈现，使参观者能够读懂历史、树起形象、留下记忆。

（2）推动革命纪念馆与高科技融合

新技术的层出不穷和跨界应用，使纪念馆陈展超越了传统的以图片、文字、实物等为主的陈展模式，开始大规模运用模型演示、景观再现、幻影成像、主题剧场、互动体验项目等动态展示手段，增强陈列展览的互动性、体验性，激发观众的兴趣与参与度，更好地引发情感共鸣和思想认同。比如在景观

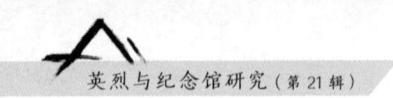

再现技术应用中,延安革命纪念馆借助数字技术对战斗战役、旧址遗迹等进行场景复原和模拟体验,通过数字视觉设计展示技术再现党中央进驻延安城、日军轰炸延安城等不同历史场景,录制成巨幕影片《记忆延安城》,实现了从展示到体验的互动模式转换,给观众带来强烈的视听冲击和精神震撼。

作者单位:华东革命烈士陵园管理服务中心(沂蒙革命纪念馆)

参考文献

[1] 史杰:《中国共产党推动红色文化发展的历史进程及其启示》,《中国石油大学学报(社会科学版)》,2016年第4期。

[2] 王慧:《革命纪念馆对红色文化传播的作用刍议——以胶东革命纪念馆为例》,《文物鉴定与鉴赏》,2019年第5期。

[3] 汤家庆:《红色文化研究与纪念馆发展》,载沈强主编:《中国纪念馆研究》第2辑,北京出版社,2013年,第11—17页。

[4] 邓普迎:《红色文化与中国纪念馆的发展——以西安事变纪念馆为例》,载李宗远主编:《中国纪念馆研究》第1辑,北京出版社,2019年,第27—31页。

[5] 王彬:《数字化为红色文化资源保护传承再添动能》,《中国文化报》,2022年3月28日(第1版)。

[6] 桑世波、王瑶:《红色文化与革命纪念馆的发展》,中国博物馆协会纪念馆专业委员会2012年年会暨"红色文化论坛"论文,2012年,第334—337页。

新时代革命纪念馆在革命精神传承中的实践与探索
——以雨花台烈士纪念馆为例

莫佳思　赵杨娟

摘要：革命纪念馆在传承革命精神中发挥着重要作用，是传承革命精神的重要载体、责任主体和桥梁纽带。雨花台烈士纪念馆通过聚力文物征集，深入史料研究；打造红色建筑，推进陵园建设；提升基本陈列，激活临时展览；创新宣教方式，打造特色品牌发挥了其在革命精神传承中的作用。新时代革命纪念馆应当通过打造革命精神传承主阵地、培养革命精神传承先锋队、建立革命精神传承共同体、赋予革命精神传承新活力，来促进革命精神的传承。

关键词：革命纪念馆；革命精神传承；实践；路径

革命纪念馆是传承革命精神的综合性场所，具有收藏、纪念、研究、展示、教育等多种功能。习近平总书记指出："革命博物馆、纪念馆、党史馆、烈士陵园等是党和国家红色基因库。"[1]每一座革命纪念馆，都是一段历史的浓缩，一份精神的传承。在新时代，应充分发挥纪念馆在革命精神传承中的作用，探索革命纪念馆传承革命精神的新路径，有效传承红色基因，赓续红色

---

[1] 田远：《让红色地标成为生动课堂》，《解放军报》，2022年1月12日（第10版），http://dangjian.people.com.cn/n1/2022/0112/c117092-32329293.html。

血脉。

一、革命纪念馆在革命精神传承中的重要作用

革命纪念馆以革命遗址、遗迹为依托,记录着革命历史、积淀着革命文化、承载着革命精神,是革命资源的宝库,是传承革命精神、弘扬革命文化的主要平台。革命纪念馆既为传承和弘扬革命精神创造了条件,也肩负着红色基因传承的职责与使命。

1. 革命纪念馆是传承革命精神的重要载体

革命纪念馆通过保护革命遗址、收藏革命文物、推出陈列展览、记录革命岁月的艰难过往、苦难辉煌,展示特定历史时期的红色文化,在革命精神传承中发挥着重要的载体作用。

首先,革命遗址承载着历史记忆,是革命精神传承的基本载体。"革命遗址包括重要机构旧址、重要历史事件及人物活动地、革命领导人故居、烈士陵园、纪念设施等。"[①]在革命纪念馆对革命遗址进行有效保护、合理开发的基础上,革命遗址本身见证着革命历史,能够穿越时间,更加亲切、真实地展现在公众面前。

其次,革命文物蕴含丰富内涵,是革命精神传承的主要载体。革命纪念馆中藏有大量具有重要历史价值的革命文物,如相关器物、纸质文物、史料照片等,它们连接着重要的革命历史人物、历史事件,承载着历史文化和革命精神,是革命纪念馆进行展陈、开展教育的重要资源。同时,革命纪念馆馆藏的文献资料、口述史料等真实记录了革命历史的发展历程,也是研究、传承革命精神的重要依托。

最后,陈列展览凸显出主旨内容,是革命精神传承的直接载体。革命纪念馆根据特定的主题,设计陈列大纲,选取合适的馆藏文物,设计展览空间,运

---

① 于珍、孟国祥:《江苏革命遗址的保护和利用》,《档案与建设》,2012(02),第52—53页。

用多种手段，通过文字说明、实物、图片、声像资料、辅助展品的组合，还原再现历史原貌，充分展现革命历史事件、历史人物，有助于参观者身临其境地了解革命历史过程、掌握历史发展真谛、感受革命精神内涵。

2. 革命纪念馆是传承革命精神的责任主体

革命纪念馆产生、发展于传承和弘扬革命精神的需要。新时代建设和发展革命纪念馆的主要目的在于凝聚革命精神的深厚内涵，传承、弘扬革命文化。革命纪念馆因革命精神而诞生，也必然回归革命精神本身，成为传承革命精神的主体。

一是文物史料征集保护主体。文物征集与保护工作是革命纪念馆的基础工作。革命纪念馆具有向社会公开发布文物征集公告，征集各类相关文物的权利，也承担着对相关革命文物进行鉴别、分类、检查、修护，确保革命文物安全的责任。同时，革命纪念馆负责革命文物登记、建档、管理，做好文物史料征集成果整理的重要职责。二是革命文化挖掘研究主体。革命纪念馆在现有的馆藏文物和文献资料基础上，围绕革命精神与红色文化进行深入研究，挖掘革命文化的深刻内涵，为革命精神传承提供支撑。三是主题内容陈列布展主体。革命纪念馆依托革命旧址设计主题鲜明的基本陈列，展现中国革命历史、反映中国革命斗争，促进人们了解革命历史，感悟革命精神。四是革命精神宣传教育主体。革命纪念馆是实施爱国主义教育的主要阵地，承担着对大众尤其是青少年进行爱国主义教育和红色文化宣传，有效引领社会教育的重要责任；同时也是利用革命文化资源，针对党员干部开展党史学习教育、党性教育的主体之一。

3. 革命纪念馆是传承革命精神的桥梁纽带

革命纪念馆作为传承革命精神的主要场所，整合了丰富的红色资源、强大的人才队伍、有效的宣传教育等革命精神传承的要素，既能够基于纪念馆自身做好革命精神传承，又能够促进社会各主体单位进行革命精神传承。

首先，革命纪念馆是历史与现实之间沟通的桥梁。一方面，革命纪念馆通过强大的展示功能,以设计陈列展览,将革命文物进行情境化、立体化的呈现,赋予红色图片、红色手迹等革命文物生命力,让人们能够跨越时间进行交流对话,感受革命历史,体会革命精神。另一方面,革命纪念馆能够通过宣传教育队伍的讲述,对纪念馆陈列的每一件物品、每一张照片、每一个人物、每一个历史事件都进行细致讲述,把历史真实面貌还原给社会,引起人们的共鸣。

其次,革命纪念馆是革命精神传承主体之间联系的纽带。革命纪念馆以其在传承革命精神中的综合性作用,能够联合革命精神研究、宣传、教育的主体,促进主体之间的交流合作。比如,以革命纪念馆为主阵地,通过举办革命精神研讨会、开展纪念活动等方式,能够将其他相关革命纪念馆、高校、中小学、各类媒体整合、凝聚起来,形成革命精神传承的合力,促进革命精神的传承与弘扬。

二、雨花台烈士纪念馆传承革命精神的实践

雨花台烈士纪念馆作为全面反映雨花英烈斗争历史的大型革命纪念馆,依托其馆藏丰富的红色资源,深入开展史料研究,用心建设红色基地,精心策划陈展方案,努力讲好红色故事,向大众传播、传承雨花英烈事迹及革命精神。

1. 聚力文物征集,深入史料研究

习近平总书记指出:"革命文物承载党和人民英勇奋斗的光荣历史,记载中国革命的伟大历程和感人事迹,是党和国家的宝贵财富。"[1]雨花台烈士纪念馆深入推进雨花英烈文物史料的挖掘和研究,致力于打造熔铸共产党人初心和使命的精神富矿。

一方面,深挖盘活红色家底,奔赴国内外抢救性挖掘烈士史料。近年来,

---

[1] 吴媛婷:《从革命文物中更好赓续红色血脉》,https://m.gmw.cn/baijia/2021-10/06/35212953.html。

雨花台烈士纪念馆开展了一系列史料征集工作。一是定向前往烈士故居地的档案馆、党史馆征集烈士史料;二是接受社会捐赠,如蔡寿民烈士后代向雨花台烈士纪念馆捐赠了蔡寿民的衬衣纽扣;三是开展专项征集活动,如雨花英烈近亲属口述史征集活动、"红星计划"综合性革命文物征集活动等,征集与雨花英烈相关的史料、文物、口述资料等;四是开展境外征集项目,成立境外史料征集专家团队,远赴俄罗斯和白俄罗斯征集烈士在当地工作、学习的相关史料。这些厚重珍贵的"红色家底",有力地丰富了纪念馆馆藏资料,成为传承和弘扬烈士精神的红色宝库。

另一方面,构筑红色文化高地,推动雨花英烈革命精神研究传承。一是成立专门研究雨花英烈事迹及精神的"红色智库",如雨花英烈研究会、雨花台红色文化研究院等,开展扎实的学理研究,多维揭示雨花英烈的群体特征、精神价值等;二是召开"雨花英烈革命精神"系列研讨会,探讨雨花英烈的精神意蕴与价值追求,赓续共产党人的精神血脉;三是产出雨花英烈革命精神研究成果,如出版《雨花英烈史料丛书》《雨花台烈士传丛书》等书籍,推动英烈精神的提炼升华和宣传推广;四是设立雨花英烈革命精神相关的专项课题,如"雨花英烈与伟大建党精神研究""雨花英烈在中共地方组织早期建设中的探索与实践"等,通过深化专题研究,促进革命精神在研究中的传承。

2. 打造红色建筑,推进陵园建设

雨花台是新民主主义革命时期中国共产党人和爱国志士的集中殉难地。新中国成立后,党和政府在烈士殉难处兴建烈士陵园。经过70多年的建设和发展,雨花台烈士陵园已经成为全国规模最大的纪念性陵园,成为缅怀革命先烈、传承红色基因的革命纪念圣地。

一是塑造建筑轴线,营造浓厚纪念氛围。雨花台烈士陵园以主峰为中心,呈南北向中轴线打造红色纪念建筑。1 500米长的建筑轴线以"纪念"为主题,自北向南依次分布北群雕、纪念碑、纪念馆广场、倒影池、国际歌照壁、哀悼像、国歌照壁、纪念桥、纪念馆、忠魂亭等红色代表建筑,形成中心纪念区,庄重大气。同时,利用山丘、平地等地势结构,建有炮台、水池、湖泊等,象征烈士们为了祖国的大好河山免遭践踏、人民能够当家做主献出了宝贵的生命。①此外,分布在陵园内各处的知名烈士墓、东西殉难处、红领巾广场等与中心纪念区相辅相成,共同形成气势雄浑、庄严凝重的红色纪念建筑群体,通过建筑的形式凝固英烈精神,镌刻共产党人的为民初心。

二是注重细节设计,强化英烈精神表达。雨花台烈士陵园内的红色建筑注重细节设计,以具象的方式传递共产党人的崇高理想与坚定信念,与陵园的整体纪念氛围完全融合,透彻着浓厚的红色气息,承载着深刻的内涵。比如,烈士陵园的北大门高11.7米,寓意发生在1917年11月7日的俄国十月革命,象征着雨花英烈是马列主义的信仰者;北殉难处的烈士群雕像,塑造9位烈士慷慨赴死的不屈形象,取数字"9",表示在雨花台为革命献身的烈士人数之多;雨花台烈士纪念馆馆徽"日月同辉"的设计,象征烈士精神"与河山共存,与日月同辉"。这些细节设计使人们在参观、缅怀中,更好地接受烈士精神洗礼,继承先烈遗志,弘扬革命精神。

3. 提升基本陈列,激活临时展览

雨花台烈士纪念馆精心策划基本展览、创新推出临时展览,全方位、多角度地展示英烈事迹,引导大众深切感悟雨花英烈的信仰与忠诚。

一方面,基本陈列"见人见物更见精神",深度传承革命精神。一是主题鲜明突出革命精神。纪念馆以"信仰的力量——雨花英烈生平事迹展"为主题,围绕"信仰"这一契合雨花英烈革命精神本质的核心与要素,将人、物、精神深度融合,用"信仰"的光芒实现英烈精神的意蕴升华。二是内容充分凸显革命精神。将雨花英烈事迹贯穿在新民主主义革命历程中,采取"典型+类型""个体+群体"的方式,②使烈士形象更加丰富、饱满,展现了雨花英烈崇

---

① 刘绍山:《纪念建筑设计的典范——评〈日月同辉——南京雨花台烈士纪念馆、碑轴线群体的创作设计〉》,《新建筑》,1993(03),第56—58页。

② 向媛华:《场馆陈列:见人见物更见雨花英烈精神》,《群众》,2018(06),第23—24页。

高的精神世界。三是形式巧妙融汇革命精神。纪念馆融入声光电等现代化手段，注重交互体验，多维呈现英烈形象与精神。比如，北平五烈士牺牲情景的布展，投影出五个背影和墙上的弹孔，表现出五位烈士坚贞不屈、慷慨赴死的崇高精神，给观众带来更具冲击力的感官体验。

另一方面，临时展览多式多样更多元，助力传承革命精神。一是主题聚焦于社会热点，纪念馆充分利用纪念日等时间节点，策划主题展览。如在中国共产主义青年团成立100周年之际，推出"青春壮歌——中国青年运动中的雨花英烈"，展现雨花英烈青年群体冲锋在前、奉献家国的不屈精神。二是内容融入场馆特色，将基本陈展中某一主题进一步深化，推出定位类似、相互补充的专题展览，比如以雨花英烈狱中斗争文物为样本，推出"铁窗犹见坚壮志——雨花英烈狱中斗争革命文物展"，再现雨花英烈狱中斗争的全貌，感受雨花英烈坚定的理想信念。三是在形式上注重灵活创新，临时展览突破基本陈展的时空限制，形式更加灵活多样。比如"心·迹——雨花英烈遗文展"突破遗文的平面化展示，为烈士家书做了实物仿制，结合配套的诵读音频，使观众与英烈进行了一场"穿越时空的对话"，助推革命精神有效传承。

4. 创新宣教方式，打造特色品牌

雨花台烈士纪念馆既依托纪念馆基本展陈做好革命精神宣传教育持续发力，又探索宣传教育的新方式，致力于打造形式多样化、独特性显著、社会影响广的教育活动品牌。

第一，创新馆内讲解形式，推出沉浸式讲解品牌。雨花台烈士纪念馆打破传统的讲解方式，在纪念馆内推出由演员与讲解员共同参与的沉浸式红色讲演。这种沉浸式讲解，深度挖掘雨花英烈的动人革命故事，通过故事场景演绎，情景再现纪念馆内的"图片＋文字＋实物"，营造浓厚的现场感，让红色历史真正"活"起来。同时，讲解员化身历史引领者串联其间，让观众从旁观者变身参与者，极大增强了宣传教育效果。

第二，创新教育活动方式，打造独具特色的教育品牌。一是打造仪式教育

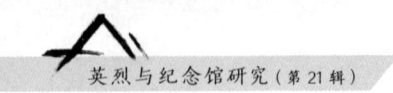

品牌,每年定期开展新婚夫妇向革命烈士献花、清明祭英烈等富有仪式感的品牌活动,营造尊崇英雄的浓厚氛围。二是打造馆校合作品牌,推出"小小讲解员"研学体验夏令营等活动,深化青少年红色研学教育,让纪念馆真正成为学校师生的"第二课堂"。三是打造干部教育品牌,依托雨花台烈士陵园,开发现场教学课程,针对党员干部开展党性教育。四是打造志愿服务品牌,推出"小雨滴"特色志愿服务项目,联动志愿者力量,通过"雨滴讲解""雨滴足迹"和"雨滴课堂",促使志愿者从服务者向传承者、传播者转变,让受众成为革命精神的传播者。

第三,创新传播利用方式,建设具有影响力的宣传品牌。一是成立专门负责宣传的V雨融媒体工作室,在微博、微信、抖音等平台,推进雨花台自媒体平台建设,打造出"中国雨花台"这一宣传品牌。二是与《新华日报》、南京广播电视集团、《南京日报》等深度合作,联合推出"风雨百年雨花魂"雨花英烈专题人物、百集微广播剧《雨花英烈》、百集纪录片《初心永恒》、纪录片《青春中国》等雨花英烈品牌宣传栏目,成为宣传革命精神的新名片。

三、新时代革命纪念馆传承革命精神的路径

进入新时代,面临新形势,革命纪念馆应与时俱进,积极探索传承革命精神的现实路径,打造传承阵地,建设传承队伍,推进融合共建,使革命精神入脑入心,绽放时代光芒。

1. 筑牢基础,打造革命精神传承主阵地

传承和弘扬革命精神是革命纪念馆永恒的职责和使命。革命纪念馆应筑牢基础,挖掘好、研究好、展示好革命文物史料,打造传播红色文化、传承革命精神的主阵地。

第一,注重文物征集,推动革命精神高质量传承。《革命文物保护利用"十四五"专项规划》指出:"加强革命文物保护利用,弘扬革命文化,传承红

色基因。"①革命纪念馆应进一步强化征集力度，抢救性征集文物史料。一方面，制订切实可行的征集计划。基于革命纪念馆馆藏的文物情况，综合考虑文物线索、征集方式等，明确需要重点征集的文物及方向，有的放矢地征集文物史料。另一方面，积极拓宽征集渠道。主动争取社会捐赠、利用重大时间节点征集、以重大时间和重要人物为线索征集②，借助微信、微博等媒体渠道面向全社会发布征集公告，甚至拓宽海外征集渠道，调动广泛的社会力量，共同加入文物征集工作中，提高征集效率。

第二，强化研究阐释，推动革命精神深入性传承。深入推进革命纪念馆的研究工作，能够为传承革命精神提质增效。一是深化史料梳理研究，基于革命纪念馆现有的文物史料，展开对革命精神相关的重要人物、历史事件的系统、深入梳理，多角度、全方位地挖掘和研究革命精神产生的时代背景、历史脉络等，在研究中最大限度地发挥文物史料的价值。二是深化革命精神阐释，将革命精神作为一项专门的研究课题，放置于党史大背景中加以审视，对革命精神的内涵、特征等要素进行立体、深入的学理性分析，充分探索革命精神所透射的本质特征和价值意蕴，提高大众对革命精神的认知理解与内化吸收，筑牢思想基础，增强文化自信。

第三，精心设计布展，推动革命精神创造性传承。随着社会发展的日新月异，革命纪念馆需要转变思路，才能迎来新突破。一是陈展理念从与"物"为核心向以"人"为核心转变，根据事物的发展规律，从革命精神的形成背景、原因、过程等着手编排布展，帮助大众理解革命精神的生成逻辑，认同并传承革命精神。二是陈展内容从"普遍性"向"特殊性"转变，充分考虑革命纪念馆的特性，挖掘独属于该展馆的亮点与特色，打造"品牌展览"，传播英烈事

---

① 国家文物局：《革命文物保护利用"十四五"专项规划》，http://www.gov.cn/zhengce/zhengceku/2021-12/31/content_5665933.html。

② 朱习文：《革命纪念馆规划建设的几点思考——以南湖党史陈列馆为例》，载《湖南博物馆学会论文集》，2018年，第22—30页。

迹，弘扬革命精神。三是陈展形式从"组合型"向"融合型"转变，将文物、图片、文字等要素通过独具匠心的设计，融合成一个有机的历史空间，从"量的组合"飞跃到"质的融合"，使文物陈列展现出思想和文化①，有效促进革命精神"内化于心，外化于行"。

2. 建设队伍，培养革命精神传承先锋队

人才队伍建设是革命纪念馆发展的关键之一。建设一支高质量的人才队伍，能够给革命纪念馆发展带来充足的动力，有效促进革命精神的传承。

第一，"素质"与"结构"相结合，搭建人才队伍梯队。革命纪念馆人员主要涉及管理人员、研究人员、文保人员、讲解人员四大方面。②一是提升人才队伍素质，根据部门特点，制订人员的发展、培训、晋升规划，提升队伍的整体素质，打造能力强、作风正的管理队伍，理论强、素养高的研究队伍，技术强、业务精的文保队伍，形象好、水平高的讲解队伍。二是优化人才队伍结构，基于纪念馆实际需求，合理布局队伍的人数比例、年龄分布、学历水平等，形成人数比例分布合理、老中青年龄结构均衡分布、高中低职称人员错位有序的队伍结构。

第二，"专职"与"兼职"相结合，实现队伍联动发展。随着新形势下革命纪念馆的快速发展，需要进一步强化专职队伍的培养，又需要选聘一批兼职力量，坚持专职与兼职联动结合，共同承担传承革命精神的重任。一方面，专职队伍是传承革命精神的排头兵。遴选一批专业能力强、业务素质高的优质骨干，发挥好"传帮带"的作用，助力年轻队伍迅速成长；同时发掘有发展潜力的年轻骨干，培养优秀的后备人才队伍，形成优质骨干示范引领、青年教师携手奋进的人才队伍格局，成为纪念馆传承革命精神的强大师资力量。另一方面，兼职队伍是传承革命精神的生力军。充分发挥社会力量，聘请专家学者、

---

① 朱小可：《革命纪念馆运用红色资源开展社会教育的思考》，《江西科技师范大学学报》，2018（2），第37—41页。

② 赵永艳：《江苏纪念馆发展报告·2020》，江苏人民出版社，2020年，第193页。

教师、烈士亲属等,招募大中小学生、社区工作者等,共同参与到纪念馆工作中,为大众提供志愿讲解服务等,为"红色传承"赋能。

第三,"引进来"与"走出去"相结合,推动队伍高效服务。一方面,引进高精尖专业技术人才。一是从高校引进一批中国近现代史、中共党史、红色文化研究等方面的高层次人才,全面提升人才质量;二是从其他一流纪念馆引进行业内顶尖人才,带来可借鉴的先进经验,为有效促进革命精神传承贡献才干;三是挖掘纪念馆行业"带头人",成立行业专家库,为纪念馆有效传承革命精神提供专业性指导意见,精准满足现实需要。另一方面,推动人才队伍走出去接受锻炼。通过定期选派人员前往国内一流纪念馆进行业务培训、挂职锻炼等,提升专业素养;鼓励人员参加高水平项目或比赛,与同行切磋交流,提升业务能力。同时,可以成立宣讲团队走进社区、学校、企事业单位,宣讲烈士的红色故事,在实践中进一步强化理论素养、提升自身能力,带动全社会共同传承革命精神。

3. 融合共建,形成革命精神传承共同体

在新时代,促进革命精神的传承需要整合革命纪念馆自身资源与社会资源,联通纪念馆与纪念馆、学校、媒体等传承和弘扬革命精神的主体,构建全方位、全过程的传承格局,形成革命精神传承共同体。

第一,增强馆际交流合作,形成革命纪念馆发展共同体。通过馆际合作,促进纪念馆在文物保护、革命精神研究、陈列展览、免费开放、宣传教育、志愿者服务等多方面的广泛深入合作;在省、市或一定区域内成立纪念馆专委会,形成纪念馆建设发展合力,促进革命纪念馆的长期发展。其中,馆际合作最关键的是通过举办联合展览,促进革命精神文化的宣传。革命纪念馆既要立足自身红色资源与精神内涵,与其他革命纪念馆联合举办各类主题展览,如红色家书展、红色档案珍品展等,增强革命精神的立体化呈现,让人们更加细致、全面地了解革命精神内涵;又要根据革命纪念日、重要节日等策划重要展览,在相关革命纪念馆进行巡展,并通过互换展览的形式,加深合作双方之间

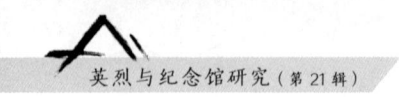

的交流，推动革命精神深入、有效传播。

第二，加强馆校共建共享，形成革命精神研究共同体。首先，学校和纪念馆都是进行革命精神宣传教育的重要场所。加强馆校合作，既要注重在革命纪念馆打造学生爱国主义教育阵地，搭建学生实践活动基地，促进在校学生走进纪念馆接受革命精神教育；又要注重通过革命纪念馆红色宣讲团进行革命精神宣讲活动、打造革命精神相关选修课程等形式，促进革命精神进校园。其次，学校和纪念馆都是进行革命精神研究的重要机构。馆校合作在于通过资源共享、科研协作、人才互通等，加强革命精神研究。如成立革命精神研究会，凝聚革命精神研究力量，充分发挥高校在研究方面的优势；举办革命精神研讨会，邀请高校及各科研院所研究革命精神的专家学者参与会议讨论，推动革命精神研究。

第三，促进馆媒联合发声，形成革命精神宣传共同体。一是加强革命纪念馆与传统媒体的长期性、深入性合作，在合作媒体平台进行革命精神专题宣传，比如在报纸类媒体开设专栏发表革命精神相关文章；在广播电视类媒体拍摄革命精神相关纪录片、宣传片等，扩大革命精神宣传的社会影响力。二是创新与各种新媒体平台的合作方式，建立新媒体传播联盟。通过互联网搭建新媒体平台，整合各地区革命精神宣传线上资源，以革命纪念馆为依托，凝聚红色文化和革命精神线上宣传力量，形成革命精神宣传线上共同体。

4. 与时俱进，赋予革命精神传承新活力

革命纪念馆传承与弘扬革命精神要结合社会历史发展的新特点，挖掘新内涵，利用新技术，推出新方式，不断为革命精神传承注入新的活力。

第一，适应时代需要，挖掘革命精神传承新内涵。中国共产党的革命精神，作为一代代共产党人世界观、人生观、价值观的时代表达，已经深深融入我们党、国家、人民的血脉之中，在当代也应是激励我们不断奋进的强大精神力量。革命纪念馆既要在史料研究方面下功夫，不断挖掘革命文化在当代的内涵，为革命纪念馆提供鲜活的素材和精神营养；又要紧扣时代需要和公众关注

的热点问题，结合自身革命资源特色，紧密围绕新时代党史学习教育等热点主题，组织策划与时代发展密切相关的高质量展览，开展具有特色的革命文化教育，不断赋予革命文化在新时期的新内涵、新表达。

第二，加强互动设计，探索革命精神传承新方式。一是在纪念馆的展陈设计上加强互动性，注重引入能吸引受众注意力的空间元素，与此同时，利用幻影成像系统、投影数字、沙盘系统、移动视频、虚拟翻书等现代多媒体展示手段进行互动式动态展示，生动再现历史，增强参观者的兴趣，加深红色记忆。二是在纪念馆的社教活动中增强互动设计，进而实现革命纪念馆的活化利用。例如，采用音、诗、画等不同艺术表现手段编排展演节目，进一步创新革命文物故事的讲解形式，调动观众接受革命文化学习的积极性。三是开发体验项目，提升受众参与程度。基于革命人物的经历，设计可供大众参与的剧本，通过角色扮演，游客能够深入体会革命历史背后的故事，帮助受众获取感官印象，并与革命人物建立起联系，在互动中获得历史归属感。

第三，利用信息技术，建立革命精神传承新模式。一是利用大数据分析，了解受众偏好，提供相应的展览、教育内容，提升革命精神传承的有效性。如通过收集受众群体的年龄、职业、教育背景等基本人口信息，并与纪念馆统计的参观数据进行相关性研究，根据研究成果，优化陈展内容，提升讲解水平。二是利用5G技术，结合虚拟现实或强化现实等技术，完善革命纪念馆的线上展陈，打造线上纪念馆展厅，从而在手机终端实现实景体验，让受众能够突破时空限制，随时随地进入革命纪念馆，感受革命者的奋斗经历和伟大精神，激发人们与革命文化之间的共鸣。

作者单位：雨花台干部学院

参考文献

[1] 田远：《让红色地标成为生动课堂》，《解放军报》，2022年1月12日，第10

版，http://dangjian.people.com.cn/n1/2022/0112/c117092-32329293.html。

［2］于珍、孟国祥：《江苏革命遗址的保护和利用》，《档案与建设》，2012(02)。

［3］吴媛婷：《从革命文物中更好赓续红色血脉》，https://m.gmw.cn/baijia/2021-10/06/35212953.html。

［4］刘绍山：《纪念建筑设计的典范——评〈日月同辉——南京雨花台烈士纪念馆、碑轴线群体的创作设计〉》，《新建筑》，1993(03)。

［5］向媛华：《场馆陈列：见人见物更见雨花英烈精神》，《群众》，2018(06)。

［6］国家文物局：《革命文物保护利用"十四五"专项规划》，http://www.gov.cn/zhengce/zhengceku/2021-12/31/content_5665933.html。

［7］赵永艳：《江苏纪念馆发展报告·2020》，江苏人民出版社，2020年，第193页。

征稿启事

《英烈与纪念馆研究》创刊于 1997 年,始终致力于促进英烈褒扬事业的发展,为各地烈士陵园、烈士纪念馆、党史研究者以及党史爱好者提供交流平台。刊物设置英烈往事、文物集藏、陈列展览、社会教育、史实考证等多个栏目,面向全国常年征稿。稿件要求原创、首发,做到政治正确,史实准确,立意鲜明,行文凝练。来稿请用 Word 文档格式,发送至邮箱 slmmm_yjsh@163.com,并在电子邮件和文末注明作者姓名、单位、职称、联系方式等信息。

龙华烈士纪念馆研究室

联系电话:021-64681312

图书在版编目(CIP)数据

英烈与纪念馆研究. 第 21 辑 / 龙华烈士纪念馆编.
上海：上海社会科学院出版社, 2025. -- ISBN 978-7
-5520-4595-6

Ⅰ. K878.234-53；K820.6-53

中国国家版本馆 CIP 数据核字第 2025WX9731 号

英烈与纪念馆研究(第 21 辑)

编　　者：龙华烈士纪念馆
责任编辑：霍　覃
封面设计：裘幼华
出版发行：上海社会科学院出版社
　　　　　上海顺昌路 622 号　邮编 200025
　　　　　电话总机 021 - 63315947　销售热线 021 - 53063735
　　　　　https://cbs.sass.org.cn　E-mail:sassp@sassp.cn
照　　排：南京展望文化发展有限公司
印　　刷：上海颛辉印刷厂有限公司
开　　本：710 毫米×1010 毫米　1/16
印　　张：13.5
字　　数：198 千
版　　次：2025 年 5 月第 1 版　2025 年 5 月第 1 次印刷

ISBN 978 - 7 - 5520 - 4595 - 6/K · 743　　　　定价：78.00 元

版权所有　翻印必究